跟著水彩畫家孫少英一起
用藝術・旅遊・美食品味臺中

手繪臺中舊城
藝術地圖

Art Taichung Urban Sketchers Map

孫少英 / 繪圖
莫小倩 / 作者
盧安藝術文化有限公司 / 出版

市長序

　　臺中是一個擁有多元動能的城市，具備邁向國際舞台的充足發展實力。近年來，市府團隊全力推動經濟發展、交通建設、文化教育、社會福利…等施政項目，積極打造臺中成為最具競爭力、最宜居的生活首都。也積極地佈局海外，推動國際觀光、舉辦國際活動，讓世界看見臺中，吸引觀光人潮。在邁向國際的同時，我們深知一個城市的能量源自於堅實根基的累積，發展亦需要存舊立新，新建設的開發及舊城區的帶動必須並行。尤其臺中舊城區為全市交通網路的核心，發展歷史悠久，深具文化內涵。於是，我們在舊城區推行了「新盛綠川水岸廊道計畫」，再搭配「綠空鐵道軸線」、「翡翠環自行車道」等規劃，為舊城區解決交通問題，並注入更多活源，賦予新生，同時支持文創育成基地的形成，以詮釋舊城區的文化底蘊，活化舊城區歷史文化資源，如臺中州廳、市役所、放送局等歷史建物，均導入專業團隊進行營運，創造舊城區新亮點。

　　一個城市可以擁有多重的面向，需要多元行銷的方式來推廣。而透過對於城市的想像及語彙的塑造，我們可以定義我們每天生活的城市。「手繪臺中舊城藝術地圖」計劃於去年獲本府的補助，以藝術行銷的角度刺激中區產業發展，我們更鼓勵民間能有更多專業單位，提出嶄新的行銷概念，配合市府的施政方向，共同為大臺中產業的興盛與發展而努力。

臺中市市長　林佳龍

局長序

　　臺中市政府「協助中小企業申請中央資源及辦理地方產業創新研發推動計畫（Small Business Innovation Research；簡稱SBIR計畫）」多年來補助數百間立案於臺中市的中小企業，加強其企業競爭力、研發力，積極鼓勵中小企業根留臺中市，並創造多個就業機會。民國104年度計劃共有111間廠商提出申請，經過兩個階段的審查，共評選出45間廠商給予補助，總補助金額高達3,800萬元。包含了民生化工、金屬機械、食品與生技醫療、創新服務、智慧生活與光電資通、綠色節能等臺中市重點發展六大技術領域。其中創新服務共有20家中小企業獲選，本書《手繪臺中舊城藝術地圖》即為獲補助計劃之一。

　　本計劃由盧安藝術文化有限公司執行，以創新服務作為計劃核心價值。特色之處在於以藝術行動來開發企業創新產品，同時行銷城市，是極具新意的企業發展模式。該計畫聘請了資深藝術家孫少英帶領九場寫生行動，選定舊城區的特色景點為中心進行藝術創作。不僅於此，盧安藝術更延伸與鄰近商圈商家結盟，進行產業的跨領域結盟行銷。於是，藝術與商業的結合，不僅為藝術產業創造新型態思維及發展方向，更為商業服務業創造新的附加價值。

　　臺灣六都的產業結構各不同，以臺中而言，商業服務業佔了很大的部分。指的是批發、零售、物流、餐飲等四大類。然而該業種的特色在於進出率高但附加價值低，這也直接反映到從業人員的低薪狀況。故如何輔導產業創造更高的附加價值或服務，以轉換為更多的利潤，是我們及業者必須不斷思考以達企業永續發展的課題。於是，盧安藝術文化有限公司嘗試了一個新

的合作模式，也就是透過藝術作品的加值，來提升商業服務業產品的價值。這次的計畫中，他們也實際與舊城區的糕餅業者、文創旅店、餐廳、藥局⋯等等各類型商家合作，由藝術家為其創作獨一無二的畫作，並提供授權讓商家運用畫作圖像在品牌形象、產品包裝上，實屬難得及創新的跨域合作實踐。

　　本局未來除了協助臺中原有且具優勢的精密機械、光電、晶圓相關、手工業、自行車與運動器材等產業，走向更高質化與高附加價值的產業4.0之外，更透過SBIR計畫，鼓勵產業研究創新機制，透過產‧研界的投入，加強產學合作，協助市內中小型企業技術升級，提升市場競爭力，增加地方產業產值，並推動地方特色產業發展。該計劃更能進一步將地方產業與城市行銷相互結合，吸引國內外觀光客來臺中消費與觀光，帶動商業服務業的蓬勃發展。

　　「以人為本」是本局規劃的經濟產業發展走向，我們相信所有的施政方向都在於提升人民所得和生活品質，以讓人民感到幸福為宗旨，並以此作為產業、經濟及臺中城市的發展方針。透過每年度的SBIR計畫，我們希望中小企業能夠跟著本局經濟發展方向的策略規劃，在臺中穩定成長，並致力於企業產品技術、品質、服務、創新的自我提升。盧安藝術文化有限公司在去年的計畫中，定義出企業本身的獨特性，規劃出發展的新方向，是一個成功的範例。我們期許貴公司能夠繼續延續計畫的成果，提升企業發展，並以藝術行銷臺中，也同時鼓勵其他臺中地區的中小企業主，找到自己的利基與獨特性，創造自身價值，共同打造本市經濟榮景，成為具競爭力之國際都會。

臺中市政府經濟發展局局長　**呂曜志**

出版序

眾裡尋他千百度

眾裡尋他千百度，驀然回首，那人却在，燈火闌珊處。

宋 辛棄疾《青玉案》

尋根訪古是近來的風潮，但是有沒有人用畫畫、寫生來尋根，並結合吃喝美食呢！？

盧安藝術發現越來越多人想用畫筆去描繪自己的城市，再加上城市速寫的風潮也由國外風行到了臺灣，便藉此風潮在臺中推動「快樂寫生日」藝術傳承寫生活動，如今已逾1年半的時間了。

尤其感動的是，因為這個活動我們在臺中舊城尋獲了臺中失落已久的「根」！

這個「根」遠在天邊、近在咫尺。美好的臺中舊城就在每個人驀然回首之處，大多數人卻未能珍惜。辰野金吾式紅磚建築的臺中車站、傳統民間信仰的萬春宮、民生消費的第二市場等地標，這麼些眾多的古蹟以及日治時代的建築，直讓盧安的編輯群大為驚豔。原來宮原眼科前的中山綠橋是東南亞第一座鋼筋混凝土橋，臺中中區是臺灣第一個都市計畫區，臺中車站是繼東京驛丸之內車站在1914年完成後，海外第一座辰野式車站。

臺中有如此傲人的歷史紋理，為何沒有畫家有系列性地繪出舊城的景點和庶民的生活軌跡哪！？

手繪臺中舊城是一個使命，也是我們的使命。這個使命不是只有畫畫老房子，更不是只為畫風景而已。於是盧安展開尋人啟事，尋找一位富有使命感及觀察力的寫生響導。能夠盛任的寫生響導必備條件有四：寫生實力強、個性親和，描繪有天分、構圖快有美感，缺一不可。因為城市速寫是動態的，是快速的，如果沒能精準的構圖，快速的取捨，無法掌握臺中的脈動。最好是畫作帶有俐落篤定的線條，以及乾淨明快的色彩，才能再現舊城的新風華。

　　很幸運地，短時間內，鶴髮紅顏，高齡八十又六的孫少英老師接下這個使命，答應以他長年來有系列性地畫臺灣精神的經驗，採用多變化的媒材，時用水彩鉛筆，時用簽字筆或墨筆賦彩，來手繪舊城多樣貌的美。

　　尋著了寫生嚮導，當然要有團員，手繪舊城輕旅行才得以成團。盧安希望藉由資深寫生畫家的引導，讓更多的年輕人因為寫生，去認識舊城中富有歷史紋理的古蹟和建築，進而愛上自己的城市，用畫筆去繪出臺中的美。

　　9個月的寫生活動中，感謝舊城最核心的中區區公所的協辦以及熱愛藝術的黃至民區長撥冗參與寫生，更感謝速寫臺中團一行年輕畫家、大明設計群師生、臺中一中美術班師生以及「孫少英-水彩畫家facebook」粉絲好友的熱情參與，更難得的是受到全臺灣城市速寫團的矚目，每個月都有遠從外縣市來的寫生愛好者來到舊城一起畫畫。包括了速寫臺北的張柏舟教授、速寫桃園的徐汀妹老師、速寫雲林的曾敏龍老師、速寫埔里的許民盛、陳妙娟、黃德蕙、張勝利、葉春光、王德蕙老師、南投林啓文老師以及臺中當地謝宗興老師。因為有你們的熱情響應，發起臉書社群行銷的串連，才得以順利推動臺中市成為全臺灣最友善的寫生城市。

　　尋根尋人都完成，就差尋經費傷腦筋；幸好盧安將此「手繪臺中舊城藝術地圖」案，向臺中市經濟發展局提出申請「民國104年度臺中市地方產業創新研發推動計畫」(地方型SBIR)，並榮獲補助，使得手繪臺中舊城的使命得以達成，如期產出地圖書與地圖，讓喜愛寫生輕旅行的畫友來到臺中時，能夠有一本最有系列的孫少英舊城畫作欣賞，以及最詳實的寫生、美食指南。

　　最後，歡迎揪團來臺中畫、吃、玩、樂喲！

盧安藝術總經理　康翠敏

快樂寫生

很榮幸，也很快樂完成這些畫。

繪畫本來是純欣賞的，這次系列繪畫，除欣賞外還有實用價值，似乎對觀光、商業、經濟起一些效益作用，真是值得慶幸的一件事。

這次系列寫生，為了達到預期效果，我用了很多種媒材，我想較詳細的分類寫出來，說不定有興趣繪畫的朋友可作些參考，沒有興趣繪畫的朋友，也可得到一些額外常識。

一、純水彩寫生：許多地方我為了要表達它的美感、質感和真實性，我都要花些時間，做純水彩寫生，譬如舊州廳、市役所、臺中刑務所演武場、綠川、火車站、宮原眼科、宏信藥品、太陽餅博物館、臺中公園、柳原教會、柳川、樂成宮、文創園區等。純水彩跟一般繪畫的最大差別是沒有輪廓線，純粹「面」的觀念用平塗、渲染、重疊、交錯的技法、呈現景物的光影、色彩、立體以及生命力的感受。

一般畫家都知道，純水彩是所有畫種中最難控制的一種，但是它的明快、俐落、韻味是超越其他畫種的。許多畫家不畏艱難而迷上它是有道理的。還有重要的一點是寫生方便，容易攜帶和快乾省時。

二、簽字筆寫生：好的簽字筆滑順不褪色，是畫速寫最好的工具，這次系列寫生，我最滿意的一張速寫是書內第72頁〈黃至民區長〉那天許多畫友齊聚第二市場寫生，我畫完主景以後，回頭發現至民區長正在以摩托車做畫架，做水彩寫生，神態專注，架式優美，我迅速取出簽字筆，毫不猶豫，毫不拘謹，奔放自由的立即畫下來。畫速寫，好畫面固然重要，畫家瞬時自發

的衝動也很重要，有這種衝動，畫出來的作品才會靈動有力。

三、簽字筆淡彩：單純簽字筆作品，有其線條的趣味，依其線條的疏密也可掌握黑白灰的效果，但畢竟僅是黑與白，假若適度的加上淡彩及光影，對景物的實在感會大有幫助。

四、鉛筆素描：光彩效果特別明顯時，我會用鉛筆做精細素描，如第60頁的〈跑片腳踏車〉，室內燈光打在一輛滿載影片帆布袋的老舊腳踏車上，這種畫面對我這種老人，會有特別深刻的感受，我的「衝動」又來了，我席地而坐，用心的畫下來。

五、炭精筆寫生：炭精筆有簽字筆的效果，但比鉛筆深黑有力，畫高大而色彩單純的建築物時，我會用它。

六、墨筆賦彩：光用墨筆鉤輪廓線條，再根據輪廓填色，這種畫法比純水彩簡易，仔細上色，也有純水彩的效果。

本書名的副題寫的是「跟著水彩畫家孫少英……」，其實本書的文字作者翠敏不是跟著我採訪，而是我跟著她畫圖，原因是她在臺中念書、做事，雖然是埔里人，但家住臺中，對臺中非常熟悉且深有感情。我也是埔里人，常來臺中，對臺中也深有感情，但沒有她熟悉。所以說我跟著她比較合適。其實誰跟誰不重要，合作愉快才是最重要的。

我一生中最重視的就是活得愉快。

孫少英

速寫，孫少英

攝影／李靜穎

　　1931年出生於山東，1949年來臺灣。而後任職于光啓社及臺灣電視公司美術組計30餘年。1991年退休，歸隱夫人故鄉埔里，開啓另一頁專事繪畫及寫作的人生。其作品的性格，帶有一種特殊的遁世思想，像是人生在經歷了戰亂及坎坷之後而歸於平淡的氛圍，在色彩、筆觸、氣蘊的展現上，風格清潤平和，簡約渾厚，深受收藏家喜愛，在海內外受邀展覽40餘次。

　　1963年出版了第一本畫冊《孫少英鉛筆畫集》；1997年及1998年，則分別出版了《從鉛筆到水彩》以及《埔里情素描集》，其中《從鉛筆到水彩》為初學素描及水彩的工具書，現已印行三版；1999年的九二一大地震，孫少英以素描來記錄地震的實況，在災難中完成災況素描百餘幅，2000年在誠品書局敦南店發表《九二一傷痕》素描集。這批素描原畫全部由九二一重建基金會收藏，之後捐贈予臺大圖書館做為紀念九二一大地震之永久典藏。2001年則出版了震後重建圖文集《家園再造》；2005年受上旗出版社之邀，完成《畫家筆下的鄉居品味》一書。

　　2006年起，擬定「臺灣系列」寫生計劃，每年一書一展，有《日月潭環湖遊記》、《阿里山遊記》、《台灣小鎮》、《台灣離島》、《山水埔里》，分別表現日月潭、阿里山、臺灣十五個鄉鎮、六個離島、家鄉埔里之美，其中《台灣傳統手藝》乙書更透過畫作對傳統身懷絕技的老師傅表達至誠敬意；而後受盧安藝術文化有限公司委託，完成了2013年《水之湄—日月潭水彩畫記》、2014年《荷風蘭韻》、2015《素描趣味》等等畫冊書籍。豐沛的創造力與人世的觀察力，以田野現場為師的寫生行動藝術，無人能出其右。

　　除了畫冊書籍的出版外，從2014年開始，83歲的孫少英與盧安藝術共同推動「快樂寫生日」計畫，秉持著藝術傳承的理念，每個月風雨無阻的在臺中地區推廣戶外寫生活動，選定富有文化意涵、觀光價值、文創聚會的景點來舉辦。孫少英獨創的一點延伸法，不打稿的直接創作，每次都吸引了很多畫友、臺中地區高中學生、各大專院校美術系與設計系的大學生現場觀摩感受，而且參與的人數越來越多，真正達到藝術傳承的目標。

　　孫少英的水彩畫如其人，誠懇、簡潔、明快、自如，在形體、結構、留白以及意蘊的呈現上都令人讚嘆，欣賞他的畫作或畫冊，如同走遍臺灣各地美景、留下臺灣最美的意象。

目錄

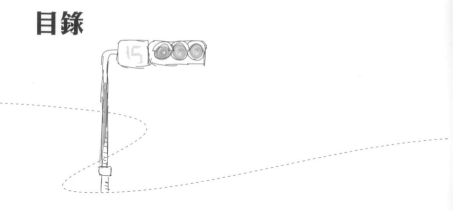

尋尋覓覓，覓覓尋尋，

記憶倒帶，回到十七，

綠綠紅紅，光影忽悠又三倍，

今日重返，失落乎欣喜乎，但勿論，

帶著老畫家畫遍臺中舊城，

只為繪出，只為珍藏，

我們念念不忘的美好臺中，

來吧！一起來寫生，揹著畫袋來旅行吧！

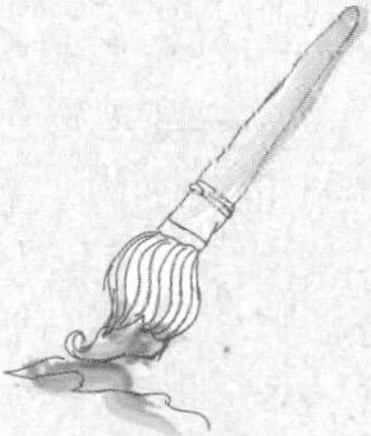

📍 臺中州廳
　西區民權路99號　04-22276011

....

州廳建於日治時期，設立時爲突顯其政
治上的位階與都市中的重要性，並配合
臺中市市街計畫，將主入口設於市府路、
民權路轉角處，堪稱臺中歷史建築代表
作品。整體以磚構造，一樓以古典建築
柱式中之多立克柱式，二樓以愛奧尼克
柱式爲主要設計，爲日治時期官廳類型
的大型作表作，在建築歷史上扮演了重
要角色。

POST
CARD

古典寫生漫遊
臺中州廳周邊

優雅既氣派的臺中州廳，
佇立在民權路及市府路的交會點已逾80個年頭，
白色仿法國馬薩風格建築，
搭配側面紅磚外牆，典雅莊重，氣勢恢宏，
穩重見證著臺中市的發展。
孫少英老師常由對街臺中市役所或斜對面臺中企銀的方向畫過來，
建議寫生的光線以上午10點前較佳。

　　一樣地走在自由路一段,一樣地穿越紅黑相間的校門,不一樣的是我不再是16、7歲的小綠綠了。那些年常跟著一幫要報考美術系的死黨們,畫碳筆、畫水彩,如今你們在哪裡啊?30幾年過去了,我帶著老畫家孫少英老師,回到我們熟悉的地域,開啓一趟舊城寫生輕旅行,故事就由中女中開始吧!

　　在中女中的日子裡雖然課業壓力不輕,但是才藝課舉凡美術、音樂、體育、家事課程,我們都是紮紮實實地上課,養成日後我對藝術、音樂的喜愛。久違的校園中,只見修澤蘭建築師為女中設計的黑紅相間大門和圍牆仍在,科學大樓這棟老建築也在,記憶裡隔著操場畫向科學大樓這個方向,當時就是西畫社同學們最愛的寫生角度了。

臺中女中

西區自由路一段95號
04-22205108

1919年創校，培育出許多各領域
的優秀女性。初名臺灣公立臺中高
等女學校，為兩年學制，後校名屢
更，學制隨異，一直到2000年才更
名為國立臺中女子高級中學。具代
表性的綠衣黑裙，從1953年一直沿
用至今。

臺中女中科學大樓

　　孫老師在女中校園中畫了兩張畫，我們就由市府路後門往民權路方向走，來到臺中州廳，建築正面向東，白色仿法國馬薩風格建築，搭配側面紅磚外牆，典雅莊重，氣勢恢宏，孫老師由對街臺中市役所或斜對面臺中企銀的方向畫過來，寫生的光線以上午10點以前較佳。對街的臺中市役所也是一棟日治時代仿巴洛克風格的古蹟，強調開口大門造型，四根高聳圓柱加上門窗變化多樣，氣派又優雅。市役所現由古典玫瑰園進駐，在懷舊復古的空間中，一樓可享用茶點或用餐，二樓可展覽或辦活動。這棟建物外觀可由多個方向來寫生，室內的光影豐富畫起室內速寫也很適合。

　　畫完畫該是用餐的時候了，你可以選擇在市役所復古的場所用餐，但需事前預約；如想簡單吃麵，可往北走，來上海未名酸梅湯麵點吃眷村口味肉排麵，或是女中後門的壹等涼麵食館都是物美價廉的店家。

📍 臺中市役所　　西區民權路97號　04-35077357

臺中地區鋼筋混凝土建築之始，與州廳隔著市府路相對應。爲辰野式仿巴洛克風格，特別強調入口造型表現，位於街廊轉角處，爲挑高二層前柱式門廊設計。在車來車往的路旁，更顯優雅，爲都市裡的美麗風景。歷經多個不同單位，現由古典玫瑰園進駐，提供餐飲服務及文創概念。

高信大飯店

　　若是覺得一個上午畫得還不夠，既然已經來到這個寫生寶地，不如就在臺中住一晚吧！這個區域其實有許多中小型飯店和文創旅店，但離市役所和州廳最近的點，首推市府路14號的富信大飯店了。這家歷史悠久的飯店曾經有很多名流入住過，其中以1969年美國太空人阿姆斯壯來台停留住宿最為人津津樂道。它在原址重建之後，現為一棟嶄新的歐風建築，外觀色彩溫馨又高雅，佇立在市府路與民族路口，真是探詢臺中中區老建築和歷史古蹟的好飯店；步行到州廳和市役所只要2分鐘，買太陽餅、洪瑞珍招牌三明治、吃麵吃冰吃日本料理都是步行可達，而且除了住宿之外，一樓的歐式牛排、西餐和咖啡更是好友敘舊或商業會餐的好地點。若是偏好道地的日式虹吸式咖啡，也可以散步到平等街口的老樹咖啡，趁光線還好先畫畫門口那棵老樹，再品咖啡也是不錯的安排吧！

老樹咖啡

台中老樹咖啡子和英 2015.

　　就在富信飯店的正對面有1915年設立的三信銀行，當年是在臺日本人的金融機構，建築特徵是沿街立面以方形列柱呈現，柱頭裝飾精美圖案，二樓轉角處並有「信」字商標浮雕，來表達日治時期信用合作社以「信」用為本位的意象。另一街角是著名的東東芋圓，轉個彎兒，又有40年老店水車日本料理和年輕有創意的小惡魔—雪莉貝爾DIY冰棒蛋糕店。如果還有多餘的時間，走個2分鐘到民權路口的民權路郵局，可以寄信，買郵票，尤其是這個郵局還有集郵專櫃，對集郵迷來說太棒了，你可以坐在郵局中的便利商店玻璃窗前，在明信片上畫著斜對面的市役所，蓋個台中郵戳，寄給自己或朋友，給寫生旅遊多添了一則故事。

POSTCARD

📍 三信商業銀行

中區市府路59號　04-22245161

三信商業銀行在日治時期稱為有限責任臺中信用組合，為當時日本在臺人民的金融組織，後改制為三信商業銀行。總行建築特徵是立面上方形列柱，以及柱頭的精美裝飾圖案，列柱與女兒牆之間的飾帶也簡潔大方，轉角處並有「信」字商標。

春水堂

　　正對女中後門的四維街，雖然不長，但是在我讀書的年代，一出校門便有幾家小吃店聚集，湖南老兵開設的湘江自助餐、外省口味的菜根香牛肉麵蒸餃和臺菜式四維自助餐。時光移轉，記憶中的店只剩四維自助餐還健在，取而代之的店變多也變時髦了。就以四維街30號珍珠奶茶的發源地—春水堂的創始店來說，原來店名是陽羨茶行於1983年在寧靜的四維街開店，創辦人參照宋朝先人的飲茶文化思維，大膽採用西式吧檯調酒的雪克杯搖出第一杯泡沫紅茶，開創了冷飲茶的新天地。來到臺中寫生旅遊不妨來四維店嚐嚐聞名全球的珍珠奶茶，配上特有的茶食，如豆干、米血糕特製滷味，感受一番臺式茶點的魅力。四維街還有很特色的日式小店，如野上智寬的羅娃麵包、保太郎田舍料理、稻荷壽司等店，據說這幾位日本師傅陸陸續續來到四維街，都看上臺中的慢調子生活，舒緩的節奏；背著畫袋來寫生的你，應該也深有同感吧！

刑務所演武場　西區林森路33號　04-23759366

刑務所演武場，興建於1924年，原爲臺中刑務所司獄官
練武之用。現稱道禾六藝文化館。爲臺中市僅存日治時
期武術道館建築。共有三棟主建築物，惟和館、心行館
及傳習館，其中惟和館爲磚造日式建築，屋頂爲歇山式
結構；心行館則爲傳統日式木構建築。

　　若是隔天又留下來寫生，或許可以越過府後街的法院宿舍區，來到林
森路33號。在我女中的年代，那裡是屬臺中監獄的區域，我們很少走到
那兒過，沒想到最近有一回帶著孫老師和一幫愛好寫生的畫友，來刑務
所演武場畫畫，才知道在監獄遷出之後，2004年臺中市政府文化局已將
此處登錄為歷史建築物，後來園區發生大火，依原貌加以修復，然後在
2011年委由道禾基金會經營。這棟原建物在日治時期原為警察、司獄官
練習劍道的武德殿和東側附屬建築，武德殿仍是劍道練習場，東廂建物現
已是品茗茶藝空間。寫生者來到演武場必定會被中庭裡高挺健壯的大榕樹
所吸引，孫老師就是如此，一看這棵美麗的老樹，馬上架起畫架開始畫起
來了。

忠孝國小

西區三民路一段171號　04-22242161

忠孝國小成立於1895年，原為臺中國語傳習
所，為臺中市最早成立的小學。忠孝國小的少
棒隊，在1969年時，以臺中市金龍少棒隊之名
代表國家，拿下美國威廉波特世界少棒冠軍，
至今仍為該校重要發展項目。

大同國小

西區自由路一段138號　04-22222311

興建於1934年，日治時期創校為臺中小學校，
已有百年歷史，當時僅收日籍兒童。戰後改稱
大同國民學校，今為大同國小。校園中仍保留
許多日治時期遺留下之校舍建築。

彰銀招待所

中區繼光街9號　04-22222150

彰銀繼光街宿舍，興建於1935年，後因彰銀總
行移至北部，宿舍功能轉為招待所。其建築風
格為日式木造複層仿西式大型獨棟官舍宅院，
庭院與建築格局完整，構造典雅精緻，日治時
期為彰銀招待政商名流之聚會場所。

臺中市警局第一分局

西區三民路一段178號　04-22223725

臺中市警局第一分局，原為臺中警察署廳舍，
興建於1934年。由臺中州土木課所設計，為二
層樓建築設計。建築為L型街角屋結構，入口
處圓弧形出簷，並立有古典立柱，簡約無過多
裝飾，近現代主義風格。

臺中州廳周邊

西區‧中區

北區
南屯區 東區
南區

老樹咖啡

上海未名酸梅湯麵點
東東芋圓 正宗洪瑞珍餅店
三信商業銀行 小惡魔雪莉貝爾
水車日本料理

臺中市警局
第一分局
臺中州廳
臺中市役所
富信大飯店

忠孝國小

春水堂

四維自助餐
彰銀招待所
壹等涼牛肉麵

臺中女中

大同國小

刑務所演武場

檸檬洋菓子

小惡魔雪莉貝爾
中區民族路68號
0989-213537

富信大飯店
中區市府路14號
04-22297008

正宗洪瑞珍餅店
中區中山路125-2號
04-22268127

上海禾名酸梅湯麵點
中區市府路69號
04-22250377

春水堂創始店
西區四維街30號
04-22297991

老樹咖啡
中區平等街35號
04-22269191

四維自助餐
西區府後街38號
04-22259373

壹等涼牛肉麵
西區市府路13號
04-22201592

東東芋圓
中區市府路63號
04-22275678

水車日本料理
中區民族路67號
04-22253388

檸檬洋菓子
西區康樂街19巷22號
04-22200236

📍 **中山綠橋** 中區中山路31號

中山綠橋（舊名新盛橋），興建於
1908年，為縱貫鐵路全線開通時，在
公園舉辦之慶祝典禮而架設。中山綠
橋呈拱形的道路橋樑，採重牆結構與
混合構造，寬10公尺，長22公尺，兩
旁有燈柱及欄干，欄干開口有新藝風
格鑄鐵間隔。除了橋身及綠川本身的
景觀之外，川旁的榕樹、柳樹與黑板
樹，賦予綠川不同的神韻，並以多種
風貌呈現在大眾面前。

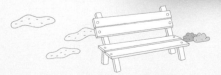

綠川悠悠風情
中山綠橋周邊

鄰近臺中火車站，

綠川是臺中市四條主要河川之一，

1912年因河岸樹木枝葉成蔭，取名為綠川。

孫少英老師畫火車站通常以正對火車站右側角度取景，

以速寫方式較合適；

而綠橋的兩岸都有人行步道，

左岸及右岸都適合寫生。

📍 臺中車站　中區臺灣大道1號　0800-765888

臺中車站於1908年縱貫鐵路通車典禮時設立,站體於1917年改
建,由設計過臺灣總督府、專賣局等公共建築之森山松之助所
設計。建築物本體左右對稱,中央立面的三角形山牆,鑲有橢
圓形勳章牌,建築磚牆面搭配白色水平飾帶,內挑高天花板及
寬廣的大廳結構,創造出氣勢雄偉的空間感受。

　　10月的臺中依舊氣候炎熱，我帶老畫家來到臺中車站，這個地標從111年前就是中部旅遊的樞紐，南來北往的旅客與短程通勤的學生或上班族總是在此進出，這個車站除了交通之外，還承載了許多人的記憶。

　　我想有很多寫生者跟孫少英老師一樣應該畫過無數次臺中車站正面，但它其實不好畫，因為畫繁複的仿巴洛克要畫得準確，線條必須快速流暢，所以現場寫生有點難度；再加上人多車多，街景雜亂、建築錯落紛雜，在哪裡畫？如何取景？再再考驗寫生者的實力，但這就是城市速寫的魅力，不是嗎？通常孫老師大多以正對火車站右側角度取景，現場以鉛筆素描、簽字筆等快速媒材來速寫較為合適。在人車來往的狀態下寫生速度就很重要了，也可以拍些照片然後在室內以水彩或油彩再畫，補足一些需多加琢磨的細節也是好方法。

在20號倉庫駐點的陶藝家高明德先生
為遊客講解軟陶作法

　　臺中車站是日治時代的辰野風格建築─紅磚牆搭白色水平飾帶，喜愛細部描繪的寫生者，一定會為它的山牆、方柱、尖塔、弧拱窗著迷，但不僅這些元素吸引人，你還可以進入車站內部看看柱頭的掛飾浮雕，竟然還有鳳梨、香蕉等臺灣水果的浮雕，真是佩服當時這些優秀的日籍建築師。後站的20號倉庫也是充滿了鐵道運輸的粗曠元素，枕木、鐵件、倉庫空間，都讓寫生者愛不釋手，它是全臺鐵道倉庫藝文再生計畫中的首站，於2000年6月正式對外開放，作為鐵道藝術網絡的先發點，由姜樂靜建築師規劃改建，並在10幾年經營歷程中，將晦暗閒置的貨運倉庫，逐步改建為中部地區重要的青年藝術進駐平臺，因此在此巧遇同好藝術家是常有的事。這個百年車站值得你慢慢的瀏覽，細細的品味，揹著畫袋好好畫上一、二天。據說在臺中新站啓用之後，這整個前後站和20號倉庫區將成為一個鐵路文化園區，再加上車站前的建國路上有國際級旅店正在建設中，未來臺中車站週遭還是一個既懷古又創新的文化旅行地標，繼續承載我們的回憶！

📍 20號倉庫

東區復興路四段37巷6-1號 04-22209972

位於臺中火車站後站的20號倉庫，興建於1917年，透過閒置空間的改造轉變為藝術展演用途，於2000年6月9日正式對外開放。是鐵道倉庫藝文再生計畫中的首站，亦為臺中市重要的人文觀光資源。

台中市綠川七〇年代景色
我參考名攝影家余如季先生一張攝影作以完成此畫
綠川水明如鏡永紅柳錦 并定呈現台中市的文化碟潮
詹芝英 二〇二五年

臺中市綠川1980年景色，
攝影家余如季先生攝影作品。

綠川

綠川原名新盛溪，1912年截彎取直後又因河岸景色綠映青翠而改名綠川，與柳川、梅川、麻園頭溪並列臺中市中心四條主要河川。

　　畫完火車站前後站，沿著中山路繼續往綠川方向移動，我們背著畫袋走著走著來到綠川河畔。綠川之於臺中，正如京都的鴨川一般重要，它在1912年總督佐久間左馬太巡視「新盛溪」（綠川舊名），看到溪流兩岸遍植樹木，枝葉成蔭，綠意盎然故命名「Midori-gawa」（綠川），一百多年來有詩人賦詩，有畫家作畫，綠川流過之處即是臺中舊城文化底蘊最深之處，步行不到5分鐘我們到達中山綠橋（原新盛橋）。走上橋首先看到橋墩上有復古的燈柱，欄杆上有新藝風格鑄鐵裝飾，側面更以拱形造型古典風味十足。據說此橋是配合1908年縱貫鐵路全線通車時，總督府要在臺中公園舉辦慶祝大典而架設的道路橋樑，它不只造型優雅更是東南亞首座鋼筋混凝土橋，來來往往的行人可知這座橋大有來歷喔？

在綠橋的兩岸都有人行步道，不管在左岸或右岸都非常適合寫生，也可以在它上、下游的人行木棧道上取景。孫老師來到橋上觀察地形，如果想畫到流水，就必須站著畫，或者在鏤空的鐵欄杆外側坐著畫亦可。有一次他在橋頭上觀看發現了宮原眼科，這棟老建築，因為保留舊磚造外牆加上結合現代鋼構的造型，在中山路口上顯得相當突出，老畫家作畫的衝動又來了。這棟舊建築在九二一大地震受創及卡玫基颱風雨災後，建物大廳傾毀等同廢墟，日出團隊買下這個廢墟，保留原本立面L型的舊紅磚外牆及拱形門廊造型，現在轉換為糕餅名店囉！

中山綠橋四周的街道因為是台中舊城日治時代榮町和綠川町，商業最興盛的區域，所以街廓旁有許多當年知名的診所、律師樓、銀行和商行等特殊的歷史建築，歷經了輝煌的歲月。但是幾經時代變遷及經濟轉型，有些荒廢有些閒置，幸好臺中市政府奮力地推動中區再生計畫，幾年來漸漸有許多年輕人走進來，開創文創商店、設計小舖等等，也帶動當區老店感受到新活力的入注是非常重要的。其中以原白福順律師事務所出租給好伴共同工作空間的二位年輕女孩最具代表性，她們將這棟70年的老屋再生，提供硬體空間和軟體資源，給有創意年輕人來到這個共享空間，共同工作共同將夢想孵出，並不定期地舉辦關懷中區人文環保的講座以及綠川市集創意手作產品的展售活動。

宮原眼科為臺中舊城老屋新用之典範，服務人員笑容可掬。

宮原眼科的紅磚外牆及拱形門廊造型

　　綠川河畔畫著畫著如果感覺肚子餓了也沒問題，走到附近的電子街裡有許多物價美廉的平民美食，如雞排、蛋包飯，老牌的陳沙茶火鍋等等，也可以順道逛逛，已有30幾年歷史的電子街，它主要是由中山路49巷和綠川西街93巷兩條道路交叉所形成的十字形行人徒步區，巷道雖不大，但電子、電腦、音響、相關設備商品相當齊全，除了寫生順道採購一下也不錯喔！或者沿著綠川西街往北走，過了臺灣大道就是第一廣場，一旁的商場就是綜合性休閒娛樂廣場，位於臺中車站站前商圈，内有電影院、KTV、電動遊樂場等等，多為青少年與外籍勞工休閒去處，因東南亞異國商店聚集，逐改稱為東協廣場。

東協廣場
(原第一廣場)

高家意麵

台中高家意麵老店 狂少英2015.

📍 **青草街** 中區成功路90巷

青草街是老臺中人歷史成長的一部分，緊鄰第一市場。臺中商業重心轉移後，青草街人潮雖不復以往，但仍有多間青草店持續營業中，像是漢強、元五及阿賢青草店等等。不妨回憶年少時光，走一趟青草街，享受青草撲鼻的香氣，喝一杯傳統茶，感受舊時情懷吧！

青草街-阿蘭

　　若是假日到了廣場，可以畫畫人群聚集熱鬧景象，也可以在成列的百貨飾品批發店買小物，若是還想嚐嚐小吃，沒問題！繼續往前走，先吃再畫也不遲，過了成功路會先看到高家意麵、臺中老牌香菇肉羹，世代相傳道地口味，不吃會後悔喔！吃了意麵之後或許有點口渴，那就轉進店旁的小巷弄，巷口立了「青草街」很有古味的銅牌市招，走進巷內彷彿走入鄉下阿嬤的家。成堆成堆的乾藥草、富有民俗感的店舖，常常吸引愛好寫生者來畫畫。位於成功路90巷內有元五、阿蘭、漢強等青草店，青草店不

只賣青草，還有冬瓜茶、養肝茶、洛神茶等，平日來寫生想來點台式飲料
止渴，到青草街就對了。走出青草街來到光復路，雖然也還有青草茶店，
但是看到原第一市場的旗魚鬆老店丸文食品真是喜出望外！這家旗魚鬆老
店創立於1950年，專門生產旗魚相關製品，如旗魚鬆、旗魚丸，天婦羅
等魚漿食品。想當年中女中時期在外租屋住宿，三餐經常因
陋就簡，但只要帶著一包旗魚鬆在身邊，就覺得幸福極了！
睽違這麼多年，因為帶著老畫家沿著綠川西街寫生，又巧遇
丸文，當然要買個伴手禮回家獻寶一下囉！

丸文調理食品有限公司
梁火村梁李秀尾伉儷

丸文食品創辦人
梁火村、梁李秀尾伉儷

POSTCARD

丸文食品

　　中山綠橋周邊寫生真是最幸福的旅程，街道兩側可以畫的題材超級豐富，歷史建築、市井小民的店舖和市招、綠川市集的手作物小攤…林林總總畫起來生動有趣，況且除了畫畫又有吃有喝。若是感覺意猶未盡，沒問題，這個方圓200公尺內的平價安全旅店是臺中市密度最高的區域。例如位於電子街的綠柳町文旅，就是一個讓旅行成為一種生活風格的體驗，也是旅途的充電站。這個旅店原本是老透天樓房外觀，在設計師的巧思下以電路板作為創意風格發想，運用電路板的紋理，不只改造外觀，設計意象，凸顯電子街屬地風格，更將濃濃的舊城臺中味重新展現。留下來一晚，明日起個大早繼續再畫吧！

綠柳町文旅

中山綠橋周邊

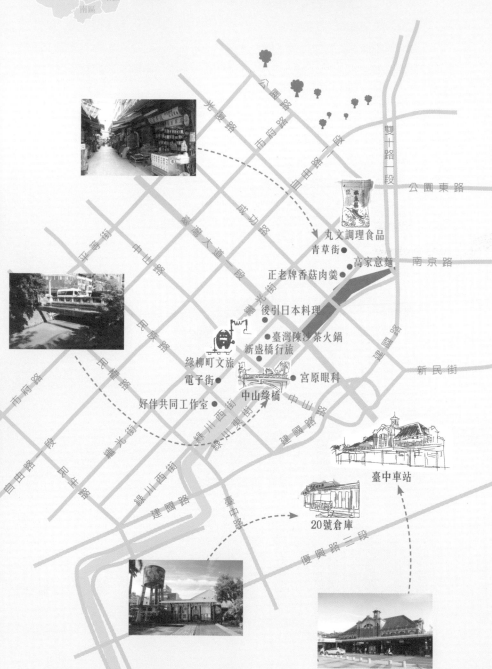

北區
南屯區 西區 東區 中區
南區

雙十路一段

公園東路

光復路

市府路

自由路一段

成功路

臺灣大道一段

中山路

平等街

繼光街

民族路

丸文調理食品
青草街
高家意麵
正老牌香菇肉羹
南京路
後引日本料理
臺灣陳沙茶火鍋
新盛橋行旅
綠柳町文旅
電子街
宮原眼科
好伴共同工作室
中山綠橋

新民街

建國路

中山路

臺中車站

綠川西街
綠川東街

民權路

市府路

自由路二段
民生路

繼光街

綠川西街

臺中路

建國路

20號倉庫

復興路二段

電子街
中區中山路49巷

電子街商圈座位在中山路49巷和綠川西街93巷所形成的十字形行人徒步區。電子街以多樣化電子產品為主的聯合賣場，不同於大型量販店，大多是店家自營的方式，故消費者有更多時間與店家互動，感受也特別親切。

好伴共同工作室
中區民族路35號　04-22231312

好伴是由二位返鄉的臺中女孩所成立的共同工作空間，透過年輕人的交流，激盪出復甦舊城的創意火花。現址為當年旅日回國的白福順律師事務所，建築立面採淺褐色的十三溝面磚，為當時所流行的建材，現仍完整保留。

宮原眼科
中區中山路20號
04-22271927

高家意麵
中區綠川西街171號
04-22212813

正老牌香菇肉羹
中區綠川西街167號
04-22279569

後引日本料理
中區臺灣大道一段81巷8號
04-22225511

臺灣陳沙茶火鍋
中區臺灣大道一段81巷25號
04-22271304

新盛橋行旅
中區中山路26號
04-22211888

丸文調理食品
中區光復路30-1號
04-36086789

綠柳町文旅
中區中山路55號
04-22217668

POST
CARD

📍 全安堂太陽餅博物館
中區臺灣大道一段145號 04-22295559

臺灣太陽餅博物館位址的建築爲全安堂，
建於1909年，早期的全安堂爲一藥局，販
售進口藥品、民生用品等，整修後現爲全
安堂太陽餅博物館使用。全安堂爲保存良
好的百年建築。整體紅磚、立面磚牆及灰
白橫條飾帶的運用，讓建築物擁有大方、
沉穩的美感。

百年建築新風華
全安堂周邊

百年建築全安堂，紅磚、立面磚牆及灰白橫條飾帶的運用，
讓建築物擁有大方、沉穩的美感。
孫老師常在對街廊下作畫，畫下車來人往臺灣大道，
氣派大方的全安堂建築，
抑或記錄下隱身在來往車輛後的建築物瞬間，
怎麼詮釋都別有風采。

合作金庫銀行臺中分行　中區自由路二段2號　04-22245121

原設計為臺中州立圖書館，落成於1929年，1970年代圖書館搬遷新址後，售予合作金庫改裝作金融機構使用至今。建築主體為二層樓L型，內部原有玄關、演講廳、書庫、閱覽室等空間，閱覽室兩側有廊道，後內部格局雖已變更，但主體仍完整保留。

　　那些年自由路上我們背著書包往北而行，放學後去中山路美珍香餅店買個剛出爐的石頭麵包，去小弟妹鞋行買指定款學生鞋，去綜合大樓逛唱片行，只看不買，那時候有盜版的英文歌唱片我們買不起，但光看封面封底就很開心，旁邊的遠東百貨是臺中市最大、最繁榮的百貨公司，尤其是暑假大專生在成功嶺集訓時，每逢周日放假，成群聚集在百貨公司前等開門的景象尤其轟動。

　　時光快速移轉來到2015年，雖然綜合大樓、遠東百貨都已不在，我帶著老畫家又來到自由路上寫生，就在民權路口有一棟古典風格的紅色二層樓L型建築，現在是合作金庫銀行臺中分行，原本是1929年日治時代臺中州立圖書館，寫生時可至斜對面的騎樓或正對面臺中銀行那端取景，構圖的同時也可將自由路上太陽餅店家各色招牌帶入，更有臺中舊城的氛圍。

　　太陽餅亦稱麥芽餅，是一種甜餡的薄餅，舊時因白色餅皮中間點個紅點，狀似日本國旗，故稱太陽餅。據說起源於1855年社口林家崑派，歷經了160年，原本只是地方上名產，因逢縱貫線鐵路通車，藉由車上販賣將知名度拓展到全臺，現又因網路行銷無遠弗屆，已揚名至海內外了。

　　聞名的太陽餅一條街也就是在自由路二段上，由民族路口開始，一路往臺中公園方向前進，數十家太陽餅店林立，各自有特殊口感，也都有老客戶族群。店中幾乎都可以試吃，口味各有特色，競爭非常激烈，所以店家都想盡辦法大力行銷。走到27號太陽堂老舖，老闆娘親切的招呼把我們帶入店裡試試招牌商品，她細心解說手工傳統製作，自製豬油過程，每種糕點都保證食用安心口味道地，因為她的　　　　解說也讓原本來寫生的我意外上了一堂食安課，當然也　　　　帶上一盒原味太陽餅囉！

太陽堂老舖

林少英 二0一六、

陳允宝泉食品

　再走到斜對街36號的陳允宝泉食品也會讓你食指大動。這家百年傳承餅店起家於豐原，有第一代陳允的糕仔米香，第二代赴日習藝的桃山香柚，第三代創新的小月餅，第四代的大太陽餅，以及第五代的夏威夷豆牛奶軟糖，代代相傳用心研發。世代糕餅世家將台日糕餅技術融合一家，呈現品牌獨特的精緻饗宴風，讓你不禁為臺中的糕餅達人致敬，當然買一盒「時光寶盒」就把四代菁華都帶回家了，真是幸福的寫生輕旅行。

台中市太陽餅

宏信大藥局

　　畫太陽餅街因為招牌顏色顯眼，商店陳列琳瑯滿目，其實用簽字筆來畫速寫是絕佳題材。一路在自由路二段上移動，可以畫街景，若是徵得店家同意也可以畫店中熱鬧的擺設，讓城市中速寫更為多采多姿。一長列太陽餅店中，夾著一家非常顯眼宏信大藥局招牌站在街口，這個藥局日治時期叫田中藥局，1951年改名為「宏信」，百年來它一直是中部四縣市數一數二的藥局，現在因應時代需求除了藥品販賣批發、處方簽調劑之外，更有美容藥妝、營養保健產品加入，到了臺中若有需要諮詢，找宏信的藥師就對了。

📍 自由路太陽餅街　中區自由路

臺中市自由路商圈內太陽餅老店林立，第一家太陽餅店於1949年成立，發明人老師傅不註冊太陽堂及太陽餅，造就了後來臺中太陽餅產業的蓬勃發展。各家所產生的太陽餅口味稍有不同，但都秉持著皮酥餡香、外酥內軟的口感、以及香甜不黏膩的麥芽香。而各自傳承太陽餅手藝的老師傅們，在餅店內不斷研發及改良，使口味更加多元、變化，且具獨特風格。

　　緊接著來到臺灣大道路口，進入眼簾的是一棟仿古希臘羅馬樣式的灰白色建築，它是在1938年興建完工的彰化銀行新總行，厚實穩重的外型營造銀行給人信用穩固的意象，是相當成功的設計。緊臨彰化銀行右側又見一棟辰野金吾風格的紅磚與白色系飾帶建築物。這棟保存完整的老建築與臺中火車站同期同風格，原為當時臺中三大富商之一的盧安所起造，於1909年完工，建築物呈現當代歐風時尚，氣派大方。來到這個街口，喜歡寫生的人可有得忙了，不管你要從哪個角度，都可以畫，而且都有騎樓可遮陽避雨，舒適極了。孫少英老師會在全安堂太陽餅博物館臺灣大道的對街廊下作畫，可正面可側面，右邊帶上彰化銀行，左邊加上另一棟樓房，將全安堂的紅磚建築做為主角，整張構圖就很聚焦不顯單調。

　　來到這個街口，喜歡寫生者更幸福了，畫完外觀，先休息一下走進全安

全安堂太陽餅博物館

全安堂太陽餅博物館店內

繼光商店街

堂來感受這棟百年建築內部風格，並嚐嚐太陽餅研發老師傅的真傳風味。一樓有糕餅販售之外，更能預約體驗太陽餅DIY手作課程，二樓有糕餅模具、太陽餅歷史、珍貴文件的陳列展示，更有一處兼具喝咖啡、辦展覽的藝術展演空間。在外面寫生累了，就可以上樓喝個咖啡小歇片刻、看看街景，欣賞屋頂木結構樑柱之美，手癢癢地就畫張室內速寫也很棒喔！

　　參觀了太陽餅博物館，別急著走，走個二、三步就有臺中最老牌蜜豆冰本店幸發亭以及蘇揚點心傳統名店沁園春，不管吃點心、吃甜湯、買外帶小吃都很方便。走進繼光街那就更熱鬧了，向左轉喜愛臺式小吃就選臭豆腐、譚家手工麵疙瘩、蓮子湯、虱目魚料理，偏愛異國口味就來越南河粉、春捲、印尼小吃換換口味，保證讓您吃飽喝足，經濟又實惠。如果你走到街上留意街屋建築，可能發現有一家麵館位於堂號為「金利源」的日治時代洋樓建築內，吃個麵欣賞一下舊時榮町（今繼光街）別有風味的街屋景觀很不錯喔！若是向右轉繼光街，你會發現繼光香香雞創始店，還有附近好幾家布行、布莊，據說極盛時期，短短的一、二百公尺內就有十幾

台中太陽餅博物館DIY活動　孫少英 2015

家高級布料和訂製時裝的專門店。當你走到中山路口會看到另一家百年老舖一福堂，對街口還有一棟老建築原是1961年所建的第一銀行臺中分行，現在一樓是便利商店，二樓是整個臺中市中區都市再生的基地，經常匯集許多建築師、教授、學生以及當地居民，共同開放討論或辦講座，集眾人之力，推動老市區的新生命。

　　有點不忍離開臺中嗎？好吧！繼續走到繼光街75號紅磚民歌餐廳，每晚6:30到8:30都有歌手現場駐唱，來聽聽民歌現場點唱，畫畫室內景觀，點個義大利麵或炸物，慢慢畫慢慢吃，點杯紅磚吧台的調酒很搭配喔！若是時候已晚，那不妨就近找家文創旅店來個寫生深度旅遊，明天繼續畫喔！

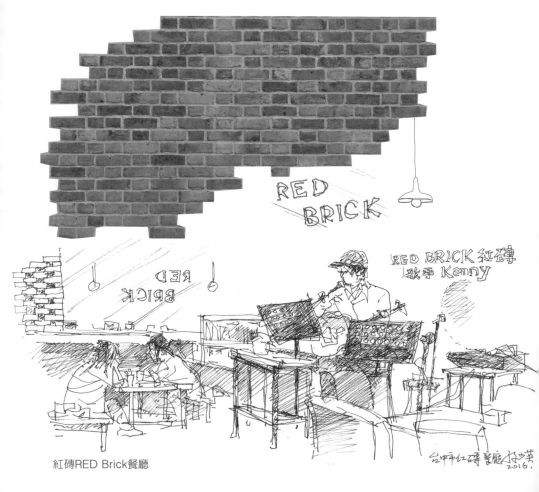

紅磚RED Brick餐廳

周邊景點

彰化銀行總行

中區自由路二段38號　04-22230001

彰化銀行為臺灣民間自行籌資設立的銀行，總部原設於彰化，1938年於現址成立新總行。新總行由白昌好夫與畠山喜三郎設計，採仿古希臘及羅馬樣式建築，室內寬敞高聳大廳，厚重的列柱外觀為臺中知名地標。

中區再生基地

中區中山路69號2F　04-22203035

中區再生基地現所在的建築物原是臺中市最早的第一銀行，由東海大學建築研究中心主任蘇睿弼教授成立，透過官學合作的方式，尋求中區再生的方法。

全安堂周邊

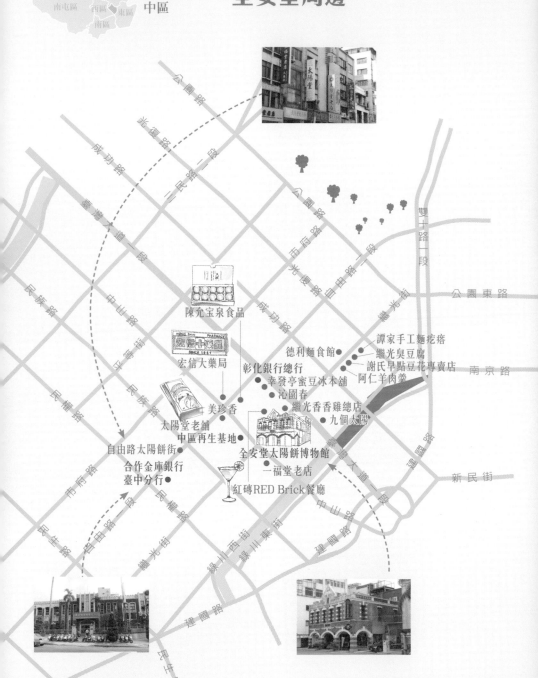

北區
南屯區　西區　東區
西區　南區　中區

公園路
光復路
成功路
一民路一段
臺灣大道一段
中山路
平等街
民族路
民權路
市府路
民生路
自由路一段
繼光街
公園路
市信路
光復路
自由路一段
成功路
雙十路一段
繼光街
公園東路
南京路
建國路
臺灣大道一段
中山路
新民街
民族路
民權路
繼光街
綠川西街　綠川東街
建國路
民生街

陳允宝泉食品

宏信大藥局

太陽堂老舖
中區再生基地
自由路太陽餅街
合作金庫銀行
臺中分行

美珍香

彰化銀行總行
幸發亭蜜豆冰本舖
沁園春

德利麵食館
譚家手工麵疙瘩
繼光臭豆腐
謝氏早點豆花專賣店
阿仁羊肉羹

繼光香香雞總店
九個太陽

全安堂太陽餅博物館
一福堂老店

紅磚 RED Brick 餐廳

宏信大藥局
中區自由路二段45號
04-22222154

紅磚RED Brick餐廳
中區繼光街75號
04-22297017

謝氏早點豆花專賣店
中區繼光街136號
04-22202419

德利麵食館
中區繼光街129號
04-22280603

陳允宝泉食品
中區白由路二段36號
04-22222257

幸發亭蜜豆冰本舖
中區臺灣大道一段137號
04-22293257

一福堂老店
中區中山路67號
04-22222643

繼光香香雞總店
中區繼光街91號
04-22267919

沁園春
中區臺灣大道一段129號
04-22200735

美珍香
中區中山路87號
04-22224258

太陽堂老舖
中區自由路二段27號
04-22217573

九個太陽
中區臺灣大道一段92號
04-22213639

阿仁羊肉羹
中區繼光街138號
04-22290556

繼光臭豆腐
中區繼光街140號
04-22266109

譚家手工麵疙瘩
中區繼光街144號
04-22238005

📍 **臺中公園&湖心亭**　北區雙十路一段65號

臺中公園是臺中市歷史最悠久的公園，興建於日治時代，是配合當時臺灣總督府市區改正計畫而興建。1903年10月28日落成啓用，初名中之島公園，當時尙無臺中地標－湖心亭。1908年10月爲慶祝臺灣縱貫鐵道全通式，整建了亭池，後陸續整修多次爲現今湖心亭樣貌。

湖心亭城市素描
臺中公園周邊

臺中第一座公園，假日許多家庭、情侶都喜歡到公園散心，
然後繞到周邊的一中商圈品嚐美食小吃。
公園內綠樹參天，花木扶疏，還有望月樓、廣播放送頭，
以及最常入畫的日月湖中湖心亭。
構圖遠近層次分明，取景題材豐富，非常適合寫生作畫。

　　想來臺中寫生，一定會想到臺中公園，想到公園，絕對會想到湖心亭，這個象徵臺中意象的雙閣亭，後來成為了臺中市政府的府徽。公園落成於1903年，是臺中地區第一座公園，一開始並無湖心亭，直到1908年為慶祝台灣縱貫線全線通車而建，當時來臺主持大典的日本皇室閑院宮載仁親王，由鐵道部部長長谷川謹介，引導進入此亭休憩，從此這個地標就漸漸成形了。

孫少英的樂活熊—小盧安手稿

　　來到公園寫生可以很自在，取景題材可以很豐富。公園裡綠樹參天、花木扶疏，有望月樓、更樓、廣播放送頭可畫，構圖遠近層次分明，但最常入景的還是日月湖中的湖心亭。湖心亭在百年歷史中經過多次修繕，這幾年屋頂由紅瓦恢復為赤銅瓦更顯古樸，亭前湖畔四周種有高大壯碩的金龜樹，這金龜樹也不知怎麼了彎曲幅度很大，與亭子形成很特殊的線條，不管你在哪個角度畫湖心亭都很入畫。孫少英老師就時常與一幫寫生好友在渡船碼頭寫生，如果你來臺中一定得到這個寫生天堂享受一下。湖中還可以划船遊湖，常見情侶、親子檔一起上船悠哉、悠哉地在日月湖享受城市中的樂活。遊湖面積雖然不大，但會經過紅木橋、曲橋等處，由湖中看公園景色是截然不同的視覺感受，也許船上再畫張速寫也不錯喔！

　　寫生之後，總得慰勞一下自己，享受在地美食。出了公園在自由路那側有阿水獅豬腳、公園素食等小吃，公園路這側也有鍋物及傳統臺式炒麵；接著沿著公園路往三民路口找到大麵羹老店，大麵羹是臺中人的特色早餐，在湯麵中加入油蔥酥、蝦米、碎蘿蔔乾和韭菜段，麵得要粗粗的黃麵或白麵，在大火中熬煮久了，湯就會變黏稠並有一股特殊的鹼味，所以稱為大麵羹。來到此地寫生沒吃過大麵羹，別說你來過臺中。吃過難忘的大麵羹，往前走一會兒有一家萬代福影城，這裡共有5個放映廳，不只播放二輪院線片和首輪藝術影片，四樓電影文化展示館更珍藏許多臺灣電影院的各式各樣舊放映機、戲院設備、海報等等，喜愛電影的人絕對不容錯過。

萬代福影城黃炳熙老闆（中）與腳踏車合照

萬代福影城電影文化館
1960年跑片腳踏車

萬春宮

　　公園另一頭往平等街只需步行3分鐘，走到成功路口，就會看到一座將近三百年歷史的媽祖廟萬春宮，這座古廟不但歷史悠久、香火鼎盛，廟中保有許多珍貴文物，如清朝中葉的斗笠石獅和白石龍柱、咸豐年間的古鐘、光緒年間「海晏河清」匾額，進入廟于內中庭肅穆洄聲，往來信徒眾多誠心禮拜祈求媽祖婆保佑孫老師有幾幅廟內與廟外水彩畫與素描作品都是以此為景。萬春宮的燕尾凰塑脊飾以彩瓷巧妙裝飾屋脊，經常吸引許多藝術家到此處寫生。

📍 **萬春宮**
　　中區成功路212號　04-22245964

··

萬春宮媽祖又稱藍興媽祖，信徒俗稱臺中媽祖。萬春宮創立於康熙、雍正年間，現今的建築是於1958年興建而成，為一古色古香宮殿式建築。廟內範圍不大，但卻保有木構藻井、左右過廊、正殿格局及特別的斗笠石獅。

萬春宮斗笠石獅

異香齋餅店

永利行

　　成功路與平等街口更是幸福的寫生街口，老廟旁免不了有些當地小吃，對街的黑肉麵、163巷內烤肉沙拉店都是口碑極好的店家。位於萬春宮正前方則有兩間老店，其中永利行專賣零食與南北貨，而另外一間異香齋傳統糕餅店自第一代賴扁於1922年創立，已有近百年歷史了，除了魯肉豆沙餅、綠豆凸、傳統喜餅月餅之外，臺灣傳統糕類製品，如狀元糕、綠豆糕，和現已少見的黑糖彎糕、油蔥糕和農曆七月拜拜用的六角糕應有盡有，真可以稱為傳統糕點的傳承之店，難怪歷任臺中市文化局長常帶著文化藝術界的人來參觀老店，兼購買臺式糕點伴手禮送給貴賓。來到這兒寫生絕不要空手而回，店老闆對來附近寫生的朋友都非常歡迎友善，果然是和氣生財的百年老店。萬春宮鄰近的店家與居民信仰虔誠，感恩媽祖婆保佑讓他們世世代代在此立基、壯大，寫生者到此只需掌握光線，無論在廟前繪畫或對街寫生，都能呈現出獨特的畫面。

📍 臺中放送局　　北區電台街1號　04-22203108

1935年啟用，為臺灣總督府繼北部臺北放送局、南部臺南放送局後，為第三所設立之重要廣播建築。建築上擁有94扇窗，並因應不同機能，設計出不同的窗型，透過窗戶可以觀賞光線的變化。

臺中真的值得住個幾天，好好體驗一下「寫生深度」的旅遊勝地。通常我們會穿越公園朝著雙十路繼續往北，途中會看見臺灣最古老的瑞成書局，它是一間傳承三代的老書局，非常值得進來看看書歇歇腳，然後再繼續走畫。接著前往雙十路方向會看到文英館、臺中放送局、孔廟三處著名景點，衡量寫生時間是否允許，或者拍拍照回家畫也未嘗不可。位於電台街1號的放送局是一處寫生推薦點，它是1935年啟用的廣播建築，以仿羅馬風格的裝飾元素設計，這棟以廣播電台機能設計的建物，屬於跨越到現代型建築的過渡式樣作品，在2002年正式登錄為歷史建築並進行修復修繕。它共有94扇不同機能與造型的扇窗，熱愛寫生或攝影者都會到此地捕捉從日出到日落的光影線條豐富表情，再加上建物四周庭院寬敞，景深夠、好取景，絕對不能錯過。

一中豐仁冰創始店

　　當然囉！來到放送局了，雙十路西側的一中商圈除了歷史悠久的一中豐仁冰之外，還有許多好吃好喝的銅板美食，如大雞排、烤肉飯糰、滷味、煎餃、茶飲、紅茶冰等等，包準花得少少，吃得過癮。一中商圈因為附近有臺中一中、臺中科技大學、臺灣體育大學三所學校，再加上這附近是升高中升大學的補習班聚集區，經過20幾年的累積形成了特色商圈。這裡也是新潮年輕商品的試煉之地，短短一條一中街周遭就有10幾家運動品牌店、個性潮店、青少年流行元素，各式各樣的驚奇等著您來體驗！眼光敏銳的建設公司也相中此處如潮水般的客群，開發了精品購物街、商城等建案，更有瞄準年輕人喜歡簡單住宿的文創旅店如博客創意旅店。它是位於一中商圈內錦新街上的專業背包客旅店，有4人、8人房，每人只要600元；2人或家庭房的CP值也超高，房間設計富有文創風格，黑膠唱片風、插畫風，色調以柔和明亮為主，讓旅人一走入，就覺得安心愉快；衛生設備齊全、wifi免費、交通便利，逛夜市大採購超級方便。若是有機會來臺中寫生旅遊，一中商圈就是感受臺中越夜越美麗的好地點喔！

 臺中一中

北區育才街2號　04-22226081

日治時期臺人子弟求學諸多限制，故多位中部紳耆興起勸募，於1914年始興建，1915年開辦，初名臺灣公立臺中中學校。如今建校已逾百年，畢業校友在各行各業均有傑出貢獻。

周邊景點

臺中孔廟
北區雙十路二段30號　04-22332264

仿曲阜孔廟模式，採宋代宮殿建築樣貌。也是臺灣建築最完備與繁複的孔廟之一。

臺中市政府文化局文英館
北區雙十路一段10-5號　04-22217358

文英館於1976年臺灣光復節（10月25日）正式啓用，2002年登錄為歷史建築。整棟大樓採中西合璧弧形新式設計，為臺灣第一個文化活動機構，規劃有畫廊、臺灣傳統版印展示館、展演廳等空間。目前由國立臺灣體育運動大學管理。

臺中公園周邊

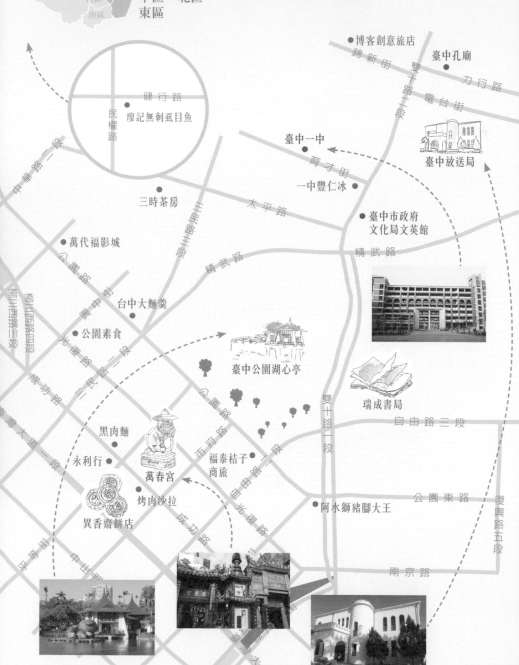

●博客創意旅店

臺中孔廟

錦新街

雙十路二段

電台街

力行路

健行路

廖記無刺虱目魚

民權路

中華路二段

臺中一中

育才街

一中豐仁冰 ●

臺中放送局

三時茶房

太平路

臺中市政府
文化局文英館

萬代福影城

公園路

精武路

精武路

台中大麵羹

公園素食

臺中公園湖心亭

瑞成書局

自由路三段

黑肉麵

永利行

萬春宮

福泰桔子
商旅

公園東路

復興路
五段

異香齋餅店

烤肉沙拉

阿水獅豬腳大王

南京路

成功路

平等街

進德北路

萬代福影城
中區公園路38號
04-22210356

博客創意旅店
北區錦新街40號
04-22251491

瑞成書局
東區雙十路一段4-33號
04-22120707

畢香齋餅店
中區成功路181號
04-22223957

永利行
中區平等街121號
04-22221525

黑肉麵
中區成功路216號
04-22250270

廖記無刺虱目魚
北區健行路801號
04-22071263

烤肉沙拉
中區臺灣大道一段258巷13號
04-22210338

三時茶房
北區太平路107巷11號
04-22251930

福泰桔子商旅
中區公園路17號
04-22262323

一中豐仁冰
北區育才街3巷4-6號
04-22230522

公園素食
中區興中街100號
04-22245710

台中大麵羹
中區公園路16號
0937-716688

阿水獅豬腳大王
中區公園路1號
04-22245700

POSTCARD

📍 **臺中第二市場**　中區三民路二段87號

第二市場建於1917年，因其為日治時期臺中市興建的第二座新型集中市場為名，為臺中市現存最久之傳統市場。新建當時，附近居主多為任職於公教機構的日本人，故市場提供精美、價位較高的產品，亦有「日本人的市場」之稱。市場中央設計了一座六角紅磚主樓建築，通道以六角形放射狀排列，深具歷史與臺灣建築史上的保存價值。第二市場內現今仍有許多經營三代以上的老店舖。

老市集走畫趣
第二市場周邊

第二市場是日治時代由日本人所創立的市場，
過往以精美貨品銷售為主。
現在仍存在有許多排隊美食、知名老店。
其中位處市場中心的六角樓、
窄巷中的店鋪、家庭主婦的採買情景、
市場外圍街廓，都是孫少英老師取景的目標。
用畫筆記錄生活，市場最有代表性。

第二市場六角樓

到第二市場除了吃福州意麵、肉包、魯肉飯，以及菜頭粿和古早味紅茶，當然不能少了寫生繪畫，無論先畫畫，還是嘴饞先品嚐小吃都行。有一次我帶著孫少英老師和師母來到這兒寫生，就被眼前這座在日治時代已存在的傳統市場街廓深深吸引了，我們三人從三民路入口開始巡點，穿越了擁擠人潮終於走進了市場最中央、一座稱為六角樓的瞭望臺，整座市場環繞此樓為核心呈現三翼放射狀型態。為什麼日治時期的市場還會有瞭望臺呢？搜尋史籍並無明確記載，只知第二市場舊稱新富町市場，是日本人創立的市場，新富町顧名思義是以前有錢人的居住所在地，當時的市場常以精美貨品及高端消費族群為主，我推測也許是遇上有戰亂時，市場內的六角樓還兼具防衛避難功能也說不定。

　　六角樓在市場內屬紅磚建築，由於寫生時取景距離夠，又有騎樓遮陽遮雨，是非常棒的團體寫生地點，而且放射狀的市場內部有小吃攤、衣服日用品委託行、生鮮攤販、南北雜貨，還有供奉關公和媽祖的武德宮可以參拜，繪畫題材相當多，市場裡裡外外可以容納一、二百人同時寫生都沒問題，同時最重要的是洗手間也很乾淨。所以推動臺中寫生的中區區公所、盧安藝術公司和速寫臺中團都喜歡在這兒辦活動，店家攤商雖然忙，對寫生者也很友善。走進狹窄的巷內街道，不時帶有驚喜。由於是日治時代所規劃的市場，長久以來專賣日本商品的店舖就特多，有新鮮生魚片定食如楊媽媽立食店、關東煮和魚丸等，有琳瑯滿目的日式食品雜貨店如豐隆、三德食品等，有服飾委託行，有日式料理店和麵包店，到了市場彷彿身處京都錦市場的氛圍，但是轉個彎卻又看見李海、山河魯肉飯和茂川、丁川肉圓，頓時又被拉回臺灣時空來了，感覺很奇妙。

楊媽媽立食

山河魯肉飯

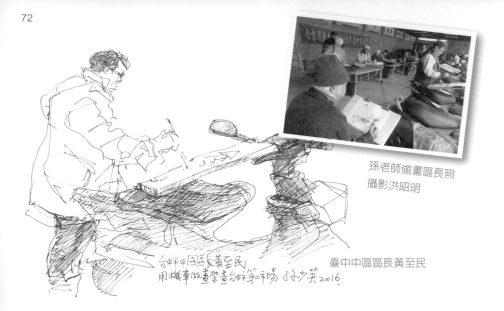

孫老師偷畫區長照
攝影洪昭明

臺中中區區長黃至民

台中中區區長黃至民
用機車做畫架畫第二市場 孫少英2016

　　來到此處孫老師如入寶地，立刻先畫起六角樓。畫完了一張，見身旁
多位大明高中設計群的師生還在作畫，隨手又拿出一張素描紙，暗地裡將
專心畫畫的中區區公所黃至民區長也畫進去了。至民區長本身是建築師，
畫建築圖是他的專長，畫水彩是他的興趣，平日公務繁忙，但再怎麼忙他
都會撥冗畫畫，尤其是經常跟著孫老師和速寫臺中團一起在中區歷史建築
和名店老廟寫生。他用藝術行銷的寫生行動來推廣舊城的美好文化，更在
區公所挪出空間，提供年輕畫家進駐展覽，讓區民來洽公有機會多看看畫
作，也讓年輕人有個展演的藝文空間。當天他借機車後座當畫架站著畫
畫，輕鬆的姿態，專注的神情，在孫老師篤定的線條簡單勾勒之下，整張
畫呈現非常流暢灑脫的調子。城市速寫就是該如此快速精準的捕捉人與
景，在自然發生的時刻完成當下的構圖，彷彿彈出一首城市即興曲一般自
在。

　　畫完六角樓附近，如果是在夏天，你可以先休息一下，去武德宮那邊
吃一碗臺中特有的麻薏湯。這湯是夏季限定版，湯中濃稠感是麻薏的膠質
形成的，通常會加入地瓜塊，綠色的湯中浮著金黃色的地瓜塊，葷食者還
可以加入白色的小魩仔魚。這湯對畫畫的人來說是頂鮮美的一個鹹湯品，
而且它多纖多營養又顧腸胃，聽說還退火哪，真是古早味的養生蔬菜湯！
秋冬的話，寫生時被寒風吹拂之後，來一碗餛飩湯、圓仔湯、豬血湯或潤
餅、味噌湯，保證讓你通體溫暖，立刻愛上第二市場。

　　填一填肚子，再逛逛窄巷中的攤位與店舖，肯定讓你如入市場迷宮，每個轉彎都會驚呼連連；如果畫得意猶未盡，那再畫市場外圍街廓吧！畫第二市場的街廓是許多城市速寫愛好者的最愛，最常見的角度是從臺灣大道與三民路口市場對面兩個街角畫過來，距離最為適當，也是極為經典的角度。除了整個第二市場的建物立面之外，帶入畫面構圖的店家招牌也可以很有趣味。畫圖中也許會聞到陣陣香味，或者看到有人在附近排隊，原來旁邊有賣日式的天天炸饅頭的攤子，長崎蛋糕店也都走幾步就到囉！來到三民路上對畫畫者來說還真幸福，有吃有喝有多點可畫之外、當日如有缺筆少顏料，更可順道補補貨。市場正對面有中棉美術社，往北前行三至四個路口，還有名品、得陣兩家，寫生完畢，想來補貨一下也挺便利。

第二市場

Tutti Tutti CAFE
督醒咖啡 窗外林鈺英2016.

Tutti Tutti Cafe
督醒咖啡二樓 古老的竹片泥糊牆
林鈺英2016.

督醒咖啡

　　第二市場除了有許多三、四代傳承的老店，近幾年也有許多年
輕人創業，相中此處有傳統元素的老房子，喜歡它的文化溫度，說
服屋主承租出來，將年輕人的創意植入老城區，例如民族路的小惡魔雪莉
貝爾有DIY蛋糕和冰棒，中山路247號的督醒咖啡都是青年創業的典型。
督醒位於市場的中山路出口，老闆夫婦特別喜愛老城區的氛圍，選上這棟
二層樓的透天厝，經營起年輕人最愛的美式早午餐和輕食咖啡，而有別於
市場內傳統的臺式早餐供應時間，此店上午9點才營業。這幾年沉靜的老
城區因為整個中區再生計畫的推動有明顯的進步，遊客又回到中區，企業
來此展店的也增多了。督醒很另類地在傳統市場邊開始賣起美式煎餅、墨
西哥米捲餅、三明治巧巴達；這個店一樓除了吧檯和簡潔的桌椅之外，還
陳列了許多手工藝品和文創商品，因為老闆娘熱愛各式手工藝，所以店中
也常開設手藝創作和手繪的課程；二樓座位寬敞，並不定期辦展覽，更保
留了古老的竹片泥糊牆、紅磚牆和木結構屋頂，整個空間很適合室內速
寫。有一次孫老師寫生完畢來用餐，一上樓二話不說就先面向窗外的市場
巷弄繼續速寫，等到餐點送上來也不忙著吃，反而繼續用篤定俐落的線
條，勾勒出層層疊疊市場錯落的感覺。畫完之後雖然餐點稍涼了，他還是

萬益食品

說好吃，快速吃完餐點，又用簽字筆畫了那面竹編泥糊老牆，在斑剝的牆面上加了水彩，突顯整個空間的焦點所在。若是你有機會來到督醍就該慢慢來、慢慢吃、慢慢畫，享受老市場的慢節奏喔！

　　市場邊的三民路其實就是臺中著名婚紗街，現在大約有10幾家店，舉凡婚紗攝影、喜餅、十二禮採買在此都可尋獲，訂製西服、買個對錶或金飾也是應有盡有。三民路婚紗街是如何開始的哪？據說早期有一位臺中青年林草，隨日籍的記者森本先生學習攝影，森本開設一家寫真館，但1901年他因急欲返回祖國，將店頂給林草，從此改名「林寫真館」，成為全臺第一家由臺籍同胞經營的照相館。1953年由林草的四子林權助（前中央日報記者）接棒，妻子林吳足美乃前往日本學習美髮、美容，返國後於1960年代開啓了結合攝影、美髮、美容、禮服的攝影禮服先河。1970年代越來越多攝影禮服公司開始出現在臺中市區，但大多數集中在火車站附近，直到1992年左右，因考慮到中正路店面租金居高不下，遂轉而到房租較便宜的三民路和公園路口開業，這就是三民路婚紗街的開始。

📍 柳原教會　中區興中街119號　04-22222749

柳原教會是臺中市現存歷史最悠久的教會建築，1916年竣工，屬臺灣基督長老教會在中部最早宣教地點，依據梅甘霧牧師提供的英國教會圖樣所興建。入口有門廊，山牆面開大型拱窗。

　　婚紗街上還有一座耶穌救主總堂，是天主教位於臺中教區的主教座堂。這座教堂成立於1914年，原在竹屋開始宣教，歷經5年後改建為以紅磚砌造而成的哥德式教堂，成為當時新富町的著名地標，多年來因為信徒持續增加，後於1958年改建竣工的現今樣貌。若是持續往三民路朝北方向前進，來到福音街左轉再走2至3分鐘，將來到柳原教會，這可是臺中市現存歷史最悠久的基督長老教會建築。該教會於1916年峻工，是依照英國教會提供圖樣興建，整棟建物的裝飾以清水磚加上局部洗石面，此外並開有拱窗及六角窗，富有變化，常有寫生者三五結伴來此繪畫。

　　三民路婚紗街持續往北延伸至中友商圈，每間婚紗店各有特色，喜事將近的畫友可以來此貨比三家，聽說這裡的拍照價位便宜，選擇性大，你絕對可以找到心目中最嚮往的婚紗攝影喔！中友商圈就是指圍繞在中友百貨四周的店家，此商圈其實是連結一中商圈的，不管平日還是假日都是車水馬龍，如果喜愛人物人群速寫，中友和一中商圈就是寶庫，讓你操練快速手繪人物動感，保證過癮極了！

📍 臺中順天宮輔順將軍廟
中區中山路328號 04-22242049

······································

俗稱馬舍公廟,創建後經歷多次兵災,無法從文物中了解確
切建造時間。廟中供奉具有忠義才德的歷史人物—輔順將軍
馬仁,為地方保護神。

北區
南屯區 西區 東區 中區
南區

第二市場周邊

五權路

中友商圈

太平路

柳原教會

臺中順天宮
輔順將軍廟

三民路婚紗街

坂神長崎蛋糕
丁山(孫)肉圓
耶穌救主總堂

第二市場

督醒咖啡

中棉美術社

天天饅頭

萬益食品

三代福州意麵
王記菜頭粿糯米腸
老賴茶棧
李海魯肉飯
山河滷肉飯
茂川肉丸
素食麵

天主教臺中教區耶穌救主總堂

中區三民路二段100號　04-22223807

耶穌救主總堂是天主教臺中教區的主教座堂。1957年開工，完成於1958年。1961年臺中教區成立，蔡文興為第一任主教，耶穌救主總堂升格為主教座堂至今。

中友商圈

三民路、一中街、太平路、育才街與育才南街、北路區域

一中商圈是位於臺中市北區的大型商圈，數十間補習班進駐後快速崛起，成為中部學生聚集處，亦為國外旅客必遊之地。

坂神長崎蛋糕
中區臺灣大道一段216號
04-22269560

三民路婚紗街
中區三民路二段

萬益食品
中區中山路213號
04-22257766

三代福州意麵
中區三民路二段1之7號
04-22204335 (第二市場內)

王記菜頭粿糯米腸
中區三民路二段87號
(第二市場內)

中棉美術社
中區三民路二段82號
04-22206655

李海魯肉飯
中區三民路二段87號
04-22260180 (第二市場內)

茂川肉丸
中區三民路第二市場內
04-22277477

老賴茶棧
中區三民路第二市場內
04-22200858

山河滷肉飯
中區三民路第二市場內
04-22206995

天天饅頭
中區臺灣大道一段336巷
04-22250868

素食麵
中區三民路第二市場武德宮
對面第一攤

📍 林之助紀念館　西區柳川西路二段158、162號　04-22183652

林之助為臺灣膠彩畫之父，24歲時以〈朝涼〉入選日本帝展。1946
年進入今國立臺中教育大學執教，當時他將紀念館充作傳統畫塾，
免費提供學生學習膠彩畫。紀念館採木造雨林板構造方式建造，為
日治時期木造宿舍典型建築。

柳川畫蹤
林之助紀念館周邊

原為林之助的膠彩畫室，
在此培養了眾多對膠彩畫有興趣有天份的學子。
孫少英老師先選擇在對面畫了一張紀念館外觀遠近素描，
隨後進入後方庭院，竹籬笆牆角再畫一張水彩。
建議您隨後可進入屋內，找個角落，畫下畫室的景象，
感受林之助當年在畫室作畫的氛圍。

林之助紀念館

　　「林先生，お邪魔しました。」林老師打擾了，我們一大群人選在乍暖還冬的二月天，來到您的竹籬笆畫室寫生。

　　寒冬已過，學校剛開學，選個禮拜六孫少英老師和中區黃至民區長、速寫臺中園、臺中一中美術班師生來到了柳川河畔，這次手繪臺中舊城藝術地圖的二月寫生活動一在臉書曝光資訊，就吸引了許多喜愛寫生的朋友們聚集到林教授畫室來了，頓時之間，這棟建於1941年左右的日式木造雨林板宿舍，屋前屋後湧入了上百名寫生者，好不熱鬧。

　　林之助紀念館原是臺中師範學校（今臺中教育大學）之附屬宿舍，1946年林教授任教於此即遷入，直到2006年遷出，長達一甲子的時間，林教授在此居住、創作、教授膠彩畫，自費提供昂貴的顏料與繪具，挑選對藝術有興趣及有才能的學生們，開設傳統畫塾教學，為當時日漸式微的東洋畫播下發展的種子，培養臺灣膠彩畫的菁英。當時柳川河畔的畫室僅以竹籬笆圍外，在求教門生口中暱稱為「竹籬笆畫室」而聲名遠播。畫室在2007年由臺中市文化局列為歷史建築，於2013年由臺中教育大學進行維護修復再利用計畫，並在於2015年制訂為「林之助紀念館」正式對外

台中市林之助畫室, 孫少英2016.

林之助畫室

開放。

　　紀念館位於柳川西岸近民生路口，孫老師在紀念館正對面柳川岸邊先畫了一幅遠景素描，隨後進入紀念館後方的庭院，竹籬笆牆角再畫水彩一張，畫完之後，移全紀念館由專業、親切的導覽員逐一介紹林教授的作品及生平故事。孫老師頻頻讚嘆林教授作品呈現出如此流暢的線條與美感，一路欣賞到膠彩畫室時，立即被那面顏料牆吸引住，簡約大方的畫室加上那色彩繽紛的牆，空間頓時生動活潑起來。雖然正值午餐時刻，寫生者與訪客大都散去，孫老師也不管肚子餓，立即找到最佳角度開始畫起畫室來了。無言的畫室中只剩孫老師和林教授，靜靜地在那兒用畫筆交談，靜穆平和的氣氛中，完成了一幅環繞畫室的長幅素描，也算是獻上他對這位臺灣膠彩畫之父最高的敬意。這座紀念館認真說來裡裡外外都能入畫，出了大門沿著柳川兩岸也很好入畫，林之助紀念館四周可以取景的標的多，情境吸引靈感多，難怪林教授好多代表作都是以此為題完成的，真是值得一遊的寫生好點。

全球影城

鵝肉徐

　　寫生完畢雖然已經過午，要解決民生問題在這附近絕對不成問題。沿著民生路往教育大學方向前進，除了簡餐也有麵食、冷飲可供選擇，民生路口更有一家全球影城，用過餐來看場電影休息一下也不錯喔！或者順著中華路往北走，那選擇更多了，因為入夜之後這裡就是中華路夜市，不管你要吃鵝肉、沙茶牛羊肉、潭子臭豆腐或湯圓、涼茶、麻糬、木瓜牛乳等，熱炒或甜品各式各樣美食應有盡有，包準吃得盡興，物超所值花得開心，臺中的美食就是容易讓人流連忘返！

📍 **中華路觀光夜市**
中區中華路一段、二段

中華路夜市在臺中存在超過40年，服飾店、電影院林立，還有肉圓、潤餅、刈包、快炒等多間值得一嚐的著名小吃。

台中市 RedDot 紅點文旅 好坊英 2016.

紅點文旅

　　說到入夜之後的中華夜市，那真是臺灣夜市的經典，一定要親自體驗才知道逛夜市的趣味在哪裡。推薦寫生者，不妨就住宿一晚吧！

　　在中華路和柳川沿岸找旅店最洽當，看你的需求如何，可以選擇平價方便的旅店如奇異果快捷旅店，選擇舒適有格調的旅店如沐旅商旅或者新穎有創意的紅點文旅；決定住宿之後，就可以慢慢地享受中華夜市的美食，更能夠有機會畫畫夜市熱鬧的攤位、喧擾的人群，速寫臺灣有名的夜市人生動態紀錄。其中有一家紅點文旅，它就在中華路民族路口的日日新大戲院旁，不只位置適中，剛好在夜市區的中間位置，住宿此店不管是逛夜市、畫畫、旅遊都很便利。

紅點文旅內的溜滑梯

　　紅點文旅是2014年新開幕，一家由老飯店翻轉新創意的特色旅店，總經理吳宗穎是創業團隊的主角，他本身是建築師，在英國求學海外就業十多年，回到臺灣也是從事建築設計，一直以來常為客戶設計旅館飯店，心中也總會浮現「打造心目中理想旅店」的意念。當該團隊發現臺中有一個富有歷史意涵的中區，就決定在臺中舊城實現他的夢想，於是買下一家30幾年「老」的飯店進行改造。改裝過程中吳宗穎堅持整座旅店走向為「藝術派風格，帶點人文創意，帶點幽默，讓旅店像家的遊樂園，有趣好玩又好住」。歷時1年半的時間，動員所有熟識的建築界、工藝界名家，打造出被英國《每日快報》評選為2015年「全球最好玩的飯店」紅點文旅。紅點好玩之處就在於由張金鋒雕塑大師所打造的金屬溜滑梯，全長27公尺，由102節不鏽鋼板焊接而成，溜滑梯不僅可以從二樓順暢地溜下一樓，外型光亮好看，造型幅度很美，本身就是一座很美的現代雕塑作

品，住店的大人小孩都為此梯著迷，網路瘋傳的「溜滑梯飯店」就是這兒啦！這座旅店真的室外室內都可入畫，你可以悠哉悠哉地多畫幾張，一定讓你值回票價！

　　2016年春天，無時無刻不在想創意的吳宗穎，又在紅點文旅的一樓左側開了家「騷包行」，這「騷包」到底是甚麼貨色啊？原來是最土最臺的「刈包」啦！話說三個學設計的華裔青年在倫敦美食戰區開「刈包」店，征服了英國人的胃，然後在紐約下東城，有一臺籍青年又開了「刈包」餐車，這個臺式漢堡又在紐約造成轟動。紅點的「刈包」不改騷包本色，它既土氣又洋風，有傳統五花滷肉加酸菜花生粉口味、泰式檸檬香茅海鮮、美式火腿花生醬等，刈包皮也有別於傳統蒸的麵皮，微烤一下讓皮咬起來有口感，配上精釀的各式啤酒，讓刈包整個國際化了，若是住宿紅點文旅的話別忘了「騷包」一下喔！

柳川河畔

　　隔日起個大早，悠哉吃個早餐，可先到柳川東路，沿著柳樹搖曳的河畔往南行，你就走在柳川藝文廊道了。走著走著來到自立街口後，會發現一處藝術寫生輕旅行的好去處──臺中文學館。這是臺中首座以文學為主題的公園，在日治時期它是臺中州警察署長宿舍，以檜木搭建而成的和洋折衷式建築，荒廢破敗許久，2014年臺中市政府進行古蹟修復，隔年6月開放。來到園區漫步映入眼簾的日式建築加上古樸木迴廊，迂迴園區正中央竟然有一顆三層樓高的珍貴老榕樹，樹形高壯，氣根形成廊穴甚為壯觀，彷彿是一位長壽美髯公在此悠哉地看著時光移轉，開心地訴說近百年的陳年往事呢！

📍 臺中文學館

西區樂群街48號　04-22240875

臺中文學館前身為已有80餘年歷史的日治時期警察宿舍群，文學館將分為常設一、二館、主題特展館、研習講堂、文學主題餐廳、兒童文學區暨推廣行政中心，周邊並規劃文學景觀公園，為親子假日休閒遊憩的好去處。

臺中文學館

文學館老榕樹

　　說到這棵搶眼的老榕樹正是文學館的主角，來到此地寫生、繪攝影、散步的訪客們都會被它為吸引。老樹氣根重重疊疊，你可以用水彩、油畫、素描、水墨各種形式來表現，也可以用詩詞來歌詠，重要的是既然來到了，就該放慢腳步好好享受吧！孫老師來了幾次文學館都說這棵榕樹太美了，所以畫一幅鉛筆素描，再畫一幅水彩。除了榕樹，木造宿舍建築也很入畫，一走進園區如入寫生幸福點，絕對能讓你一次畫得夠喔！畫渴了、畫餓了，沒問題！走兩步路第五市場就緊鄰在側，這個市場可是臺中區以平價聞名的市場，也可以吃到傳統燒肉、蚵仔粥、肉捲、潤餅等等小吃；盛暑到來，也推薦來一碗透心涼的綠豆湯、冷凍芋之後再繼續回來寫生也不嫌晚喔！

林之助紀念館周邊

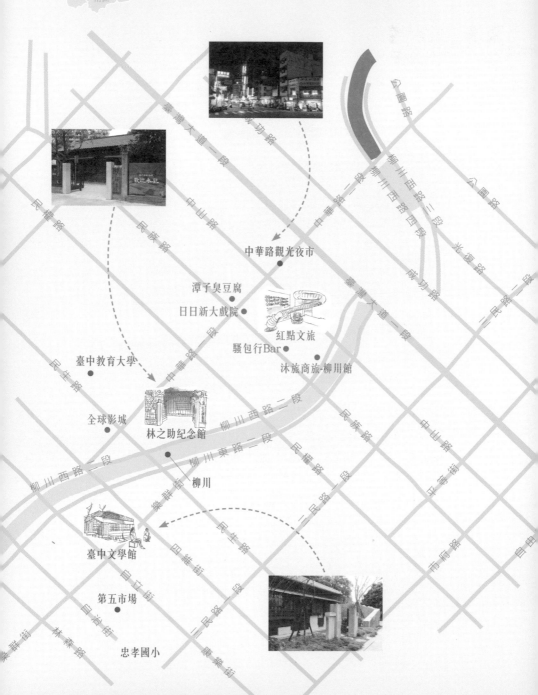

中華路觀光夜市

潭子臭豆腐

日日新大戲院

紅點文旅

騷包行Bar

沐旅商旅-柳川館

臺中教育大學

全球影城

林之助紀念館

柳川

臺中文學館

第五市場

忠孝國小

周邊景點

柳川

柳川源於豐原，流經潭子區再入北屯區，流域串聯了臺中文學館、林之助紀念館、第五市場、臺中州廳、臺中放送局等景點，近期已開始進行整治工程，可重現柳川水岸風華。

臺中教育大學

西區民生路140號　04-22183199

1899年設於彰化文廟，1923年公告設立，2005年改名為「國立台中教育大學」。定位為一所兼具師資培育與專業特色領域雙軌並行之文理型大學。

第五市場

臺中市公有第五零售市場發展可溯及至1938年，當時農人以此做為醃菜製作與儲存場所，也因此吸引了其他攤商至此兜售商品，進而漸形成市集。而後為便利市民購置民生必需品與食品衛生安全等因素考量，市政府引導攤販進入市場營業。迄今市場人潮仍屹立不搖，更有許多不可錯過的美食。

特色商家

騷包行Bar
中區民族路202號1F
04-22266866

紅點文旅
中區民族路206號
04-22299333

沐旅商旅-柳川館
中區柳川西路三段19號
04-22272257

潭子臭豆腐
中區中華路一段81號
04-22292507

全球影城
西區中華路一段1之1號
04-22242588

日日新大戲院
西區中華路一段58號
04-22223138

📍 國立中興大學附屬臺中高級農業學校
東區臺中路283號　04-22810010

成立於1937年，原名臺中州立農業學校，現附屬於中興大
學。當時的校舍中農大樓，磚造白色飾帶的典雅莊重造型，
為學術殿堂帶來莊嚴的書卷氣氛，現為臺中市現存唯一之紅
磚樓房校舍，別有歷史價值。

典雅校園書卷寫生
興大附農周邊

孫少英老師最喜歡畫紅磚建築，
因為紅磚的紅在他眼中就是臺灣色的代表，
再搭配上草綠與天藍色，
可以說是臺灣風景三原色，在高農都可以看到。

　　前一陣子看到報導說臺中一中拆掉校門，要蓋新的大門，也計畫把
「紅樓」蓋回來。紅樓是什麼樓，為何令人如此懷念？紅樓其實就是日治
時期的紅磚建築，當時全臺灣有許多學校建築、官舍廳府都是以紅磚為建
材，帶點歐風的樓房，最代表性的就是現在的總統府，也就是舊臺灣總督
府。

　　還記得我小綠綠年代，我們在女中高三教室就在紅樓，在紅樓上課活
動非常幸運，兩側都有寬敞的走廊，寬敞的程度是運動會前我們可以在走
廊練舞，下雨天可以在走廊列隊開朝會，內外通風，冬暖夏涼，根本不用
冷氣。但是夏日午後開著窗戶，吹著涼風，一不小心有可能恍神打瞌睡
了，尤其是上三民主義課的時候很容易夢周公，都怪紅樓太通風了。

　　帶著孫少英老師畫了7個月的臺中舊城，心裡一直在想市區中老校舍
哪裡還有紅樓呢？結果發現臺中高農（現為興大附農）有一棟1922年建
造的紅樓，當年是專供日籍學生就讀的臺中州立臺中第二中學校，所以校
舍蓋得堅固典雅，歷經90年以上現今仍在使用中，一進大門就可以看到

台中興大附農中農大樓 孫少英2016,

花木扶疏的綠色植栽後方，矗立在校園中的紅樓，擁有如此古典的歷史建築校舍太羨煞人了。

初春三月我們來到高農，乍暖還寒微雨的天候，寫生起來稍有不便，但紅樓都有走廊，找到合適角度，天色沒有太暗，畫起畫來光影也好拿捏。孫老師最喜歡畫紅磚建築，因為紅磚的紅在他眼中就是「臺灣色」的代表；磚紅、草綠和天藍可以說是臺灣風景三原色，沒想到在高農都看到了。

沿著大門右側圍牆走，還看到中農的實習商店，附設幼稚園，還有帶有中國宮廷風格的中農附旅，這座旅店現在是觀光科、餐飲科的實習旅店，早期它是臺中教師會館，後因改制歸入中農所有，現在仍然只提供具有教師資格或退休教師入住；說到這棟旅店原由臺灣省政府教育廳洽借中農一村、二村教師宿舍基地興建，在1960年由前輩建築師修澤蘭女士所設計，在當時非常轟動，而且是臺中地區最華麗高級的飯店。寫生者來到此處除了校園中紅樓前後，中農附旅的宮廷風格建築也可入畫喔！

　　中農大門對面有40年老店東泰西點麵包，寫生完畢可以買個麵包、三明治填填肚子，側面也有鍋燒麵，走到建成路口也有僑記烤鴨老店、水餃店、地瓜園等等小吃店可以簡單吃個中餐。或者乾脆開車5分鐘沿著建成路到學府路左轉，朝中興大學大門方向走，沿路有清一色牛肉麵、聞香牛肉麵、德馨風味美食、小慢慢義大利麵、餃佼者、池上飯包、學府清粥小菜、第一名爛肉飯等等，太多好吃的美食任你選擇，寫生之後本該好好慰勞一下自己吧！

　　走近了興大就來到幸福的綠色森林了，若是碰巧在五月來到興大路與國光路靠近女生宿舍區，阿勃勒盛開，黃金步道美極了。車子開進校園，映入眼簾的是右手邊一大片針葉林區，林區種植筆直濃密的針葉樹，此處暱稱黑森林，晨昏常有做氣功、打太極拳的團體在此運動。針葉林區旁邊就是人文大樓，人文大樓前還有臺靜農教授題字的「文學院」大石碑。針葉林的前方就是行政大樓，大樓的南側一大片草地，常見三五同學、對對情侶、一家四口，在草地奔跑、放風箏，大樓四周有許多楓香樹，四季樹

僑記烤鴨老店

中興大學中興湖

葉多變色，像是興大的彩妝師一般，讓校園四季色彩多富變化，難怪楓香會成為校樹。

　　除了楓香還有壯碩的臺東蘇鐵也在中隔島成排成列，看到蘇鐵你就會發現摩斯漢堡興大店，那就靠邊停車吧！因為校園中的生態之湖—中興湖就在一旁，孫老師看到這湖趕忙下車，背著畫袋環湖散步巡點去了。中興湖岸彎彎曲曲的，湖的四周規劃有樹木與石椅石桌，環湖一圈都有可以寫生的角度，你可以或站或坐，也可以分別以行政大樓、圖書館、社管大樓或農資學院四個方向取景，端看你什麼時間點來到中興湖、光影的方向各有不同。只要避開正午刺眼的陽光，其他晨昏時段都頗適合寫生，況且湖中有小島，小島有鳥類棲息，湖中有黑天鵝、大白鵝自在悠遊，靜中有動、群鳥飛翔等景象，更添作畫趣味。

中興大學　南區興大路145號 04-22873181

中興大學成立於1919年，前身爲日本人創立的農林專門學校，1971年改爲國立中興大學。校內環境優美，綠樹成蔭，充滿書香氣息，是學生和市民運動休閒的好去處。

蝴蝶蘭

　　除了針葉林、阿勃勒、楓香樹之外，在大學路的耶林大道，圍繞舊園藝館（現精密館）的白千層道，因每年11月開出白色花序，樹皮會片片剝落，發出芳香味，所以學子喜歡結伴漫步，通稱為「情人道」。雖因道路拓展，有些白千層改為路樹或被移開，但情人道上氣氛仍在，既然來到興大，何妨去探訪一下呢？另外小禮堂前方的小葉桃花心木，萬年樓旁的新舊雨豆樹，還有鳳凰木、鐵刀木、印度黃檀、洋紅風鈴木等等樹木散置在53公頃的校園中，彷彿臺中市區一座大森林，肩負著淨化空汙的大任，來到興大真是畫你千遍也不厭倦。

　　除了森林，還有花卉，一進校門沿著中興路遍植朱槿，小禮堂前的馬櫻丹，還有矮種仙丹花、大花紫薇、山櫻花等等，校中四季開花，真不愧是以農建校的大學。在興大校園中漫步，會看到園藝實驗場和溫室，走到圖書館後方還有一條蘭花巷，這條巷專屬於蘭花的溫室與實驗場，系所的教授、學生對臺灣花卉的研究改良有許多貢獻，尤其在蝴蝶蘭的研究投注相當多心力，難怪興大的校花就是蝴蝶蘭。有樹、有花、有大湖，房舍有高低、有遠近，校園中作畫處處都是景，真是太幸福了。

　　幸福點不只在校園中，開車來到興大獸醫院旁，就在旱溪沿岸竟然有一處稱興大康堤的河堤水岸休閒區，這個計劃是2011年水利署計劃整治旱溪，委任園藝系設計整個水岸的美化及休憩功能，仿效英國劍橋大學的康橋，企圖打造一處給臺中市南區、大里區市民及興大師生的休憩運動堤岸。河岸兩側有大片平緩草地，河堤可散步可騎自行車，原本因工業汙染的溪流也在淨化整治後，變為乾淨的親水公園，假日常見臺中市各校體育科系同學在此進行輕艇訓練、划龍舟練習，更加活化都市河川的親民性；清淨的水質讓魚類也因此復育，常見許多民眾來此垂釣、散步和攝影。喜愛寫生者如果多加口耳相傳這處作畫的處女地，結伴同行來寫生，我相信興大康堤會更有藝術氣息。

　　當天傍晚時分，我帶孫老師來到康堤，雖然沒有夕陽，但是光是在康橋上看風景，河岸草地上走走，他就說這個堤岸太美了，別急著回家，先在這兒畫張水彩吧！

興大康堤

東區・南區　　**興大附農周邊**

北區
南屯區　西區　中區
南區

悟饕池上飯包

東興路一段
福興路二段
民權路
王學路

綠川西街
綠川東街
中山路
建國路

臺灣大道一段
建國路
新民街

臺中車站

咖啡鑽

林森路
華泰街
建國北路三段
建國路

民生路
復興路二段
臺中路
合作街

復興路三段
和平街

福品手工鮮奶酪

忠孝路

建成路
大智路

國光路

忠孝路

建成路

僑記烤鴨老店

建德街

高農麵羹

興大附農

東泰西點麵包

立德街

二二八紀念公園

立德東街

建成路
小慢慢
義大利麵

仁和路

清一色牛肉麵(興大店)
學府清粥小菜
德馨風味美食館
第一名爌肉飯
餃佼者
聞香牛肉麵

學府路

興大路

中興大學

大智路
仁和路

東光園道

東光園路

東光園道
東區東光園路

東光綠園道屬臺中市環市休閒自行車道的一部分，長度雖僅有3.4公里，但車道兩旁高聳的樹木，樹高葉茂，綠蔭遮天，為臺中市最早規劃的自行車專用車道。

東峰公園（二二八紀念公園）
東區仁和路

1985年興建完成的東峰公園，栽種了逾30種棕櫚科植物；公園內並設置有和平紀念碑，以紀念二二八事件。為市民運動休閒的好場所。

周邊景點

特色商家

咖啡鑽
東區振興路2-6號
04-22297210

福品手工鮮奶酪
東區和平街34號
04-22203330

小慢慢義大利麵
南區仁義街109號
04-22857717

聞香牛肉麵
南區學府路81號
04-22873011

東泰西點麵包
南區臺中路362號
04-22874538

偹記烤鴨老店
南區臺中路252號
04-22817733

第一名爌肉飯
南區學府路42號
04-22856142

德馨風味美食館
南區學府路39號
04-22853708

餃佼者
南區學府路48號
04-22851916

高農麵羹
東區建德街22號

悟饕池上飯包
南區復興路一段450號
04-22615795

學府清粥小菜
南區學府路16號
04-22872631

清一色牛肉麵(興大店)
南區學府路6號
04-22859677

香火裊繞手繪傳藝
樂成宮周邊

孫少英老師常常畫廟，在他眼中香爐是廟的動感點，
因為廟的主建築、神尊都是靜止，
但爐中的香煙是波動的，所以在整張廟宇構圖中，
香爐都佔重要的位置。

POST CARD

📍 樂成宮
東區旱溪街48號 04-22111928

樂成宮又稱旱溪媽祖廟，創建於1753年，
為國家三級古蹟。旱溪庄是以林姓族人為
主拓墾的區域，以本名林默娘的媽祖為當
地主祀神。據說樂成宮的月老也是相當靈
驗，許多單身男女前往安燈、求符。

旱溪阿勃勒

　　只要是臺灣人都聽過「三月瘋媽祖」的活動，據說媽祖信仰的現存最早紀錄是在南宋時代便開始了，起源於中國東南沿海的福建湄洲，後來跟著閩南移民傳至臺灣。媽祖是海神信仰，所以不管是官方平亂或民間的漁船為保平安，船上都會供奉媽祖正身，隨船來保護信眾一路平安。

　　臺中市區的三大祖媽廟就為中區的萬春宮，南屯的萬和宮和東區的樂成宮最為香火鼎盛，東區的樂成宮媽祖俗稱「旱溪媽」，「旱溪」源自豐原的公老坪，經潭子、北屯、北區到東區，最後流入大里溪，此溪因流量主要多受雨水支配，乾季多屬乾涸狀態，所以俗稱旱溪。旱溪的地理關係涵蓋大里、霧峰、太平、烏日和臺中東區，據史料紀載清朝道光年間，這個區域就有一庄一庄的先民在此農耕種植，庄落散在樂成宮四面，稱為十八庄，樂成宮的香火也是漳州林氏移民自莆田湄洲奉請來臺，保護開墾

平安。但史書上載道光3年（1823年），十八庄的農作物遭受了嚴重的蟲害，庄民束手無策，奉請旱溪媽來拯救蒼生，消滅災害，於是開始繞境十八庄，果真神威浩瀚，消災解厄。從此而後，施行遶境近二百年歷史，每到農曆三月初一，樂成宮都要舉辦為期20天的「十八庄遶境」活動，這個活動具有重要的文化意義，因此在2008年8月被定為臺中無形文化資產。

就在農曆媽祖聖誕（3月23日）前幾天，孫少英老師和一群畫友相約來樂成宮寫生。開車從旱溪西路轉進旱溪街，看到高聳的入口塔柱，就進入了寬敞的廟埕。廟的主殿正前方有謝神的戲台，戲台旁有涼亭、老榕樹和幾攤廟口小吃攤，主殿左手邊涼傘下有賣香花盤攤位，盤上擺有石斛蘭、玉蘭花、太陽花不同的組合。據說依照信眾向媽祖娘娘祈求平安、桃花或功名，所選的花卉也代表不同的意義。

孫老師左看看右瞧瞧，因為是在上午9點左右到達，觀察一下光影，覺得從賣花阿姨的涼傘邊畫過來最好，就跟旁邊冰店的老闆娘打個招呼，擔心稍微擋她通路，但她不但說「沒關係，老師您儘管畫」，還怕寫生太熱，連忙為他打起另一把涼傘遮陽，親切的商販讓寫生者倍感溫馨。孫老師常常畫廟，廟中一定有香爐，在他眼中香爐是廟的動感點，因為廟的主建築、神尊都是靜止，但爐中的香煙是波動的，所以在整張廟宇構圖中，香爐都佔重要的位置。

📍 旱溪阿勃勒
旱溪西路三段300巷至松竹路路段

阿勃勒又被稱作「黃金雨」或「金急雨」。夏天開花時，可見道路兩旁金黃色的小花垂吊樹間的壯觀景色，往往吸引遊客流連拍照。

在冰店前方架上畫板後，但見孫老師在紙上用手點來點去，也不用鉛筆先打草稿，就畫起水彩來了。廟前有大廟埕，取景的深度很足夠，所以孫老師點來點去就是在心中斟酌，天空、廟宇、地平線在畫紙上的比例大約多少，另外左右兩側主廟宇和周邊配角建物的寬度多少，看他畫廟還真是輕鬆。一旁冰店老闆娘，賣花阿姨和圍觀信眾越聚越多，大家看著他專心作畫，一個多小時就畫好了。孫老師站了起來才發現後面有那麼多人圍觀，跟老闆娘說「不好意思，把妳的店門口擋住了！」老闆娘笑阿阿說：「不會、不會，你們來畫畫，今天客人特別多，真好！」在臺中寫生就是常遇到親切的店家，真是幸福！

另外有一群畫友則聚在主殿右側的老榕樹下寫生，構圖上就會有不同的側線和光影，反而將賣花阿姨、冰店、孫老師和身旁的寫生同好都畫入圖中，另有一番趣味。喜歡畫廟宇的中庭、角落、近景或屋脊線條的也大有人在，在外寫生就是可以隨性自在，取景為何各自拿捏，何必拘泥！

接近中午時分，畫友各自完成作品，也有的人早已跑入廟中拜媽祖去了！樂成宮的旱溪媽祖在東區不但歷史悠久，而且庇護眾生非常靈驗；這次寫生活動又正值「十八庄繞境」活動期間，所以信徒進出拜拜，非常熱鬧。在上午作畫過程中，有一部機車、三部進口車陸續開進廟埕，但見廟公在車頭前方燒一撮金紙，手拿點燃的金紙在車子前、後、左、右和輪子處，口念咒語，最後車子才從前方那撮金紙點燃處駛離，問過一旁賣花的阿婆，才知這稱為「過火」儀式。大部分進行「過火」儀式的信眾是為新車祈求行車平安，或出過事故的車子來消災去霉運；看來相信旱溪媽會給人們帶來好運的年輕人不少，可算是民間信仰傳承的美事一樁。

另外樂成宮的年輕信徒也特別多，許多都是男女同行，原來廟中除了媽祖娘娘靈驗，月老殿也是赫赫有名的求姻緣、求桃花「名所」，再加上網路資訊流通快速，因此吸引全臺的男女遠道而來祈求月老牽成好姻緣。寫生者若趁此良緣來拜拜媽祖及月老，祈求的願望如願後再回來謝恩兼寫生，也算是不錯的藝術心靈之旅喔！

畫完畫，理所當然就得用餐，廟口有臭豆腐、豬血湯、炒麵、湯

圓；出了廟埕右轉也有豆花店、旱溪肉圓、呷七碗米糕等地方小吃，或者乾脆驅車走建成路往南，來到大智市場，轉入大振街進入市場中心。這裡是東區老牌的傳統市場，有黃氏肉羹麵線、素食、無名茶攤、大芳麻糬等等許多好吃衛生又有口碑的店家，可以在此經濟實惠地享受平民美食喔！在一排傳統的攤位中發現大振街9號一家看起來「很有機」的店—穀粉小舖。店家招牌以綠色為主色，窗明几淨，在吃完肉羹麵線之後，感覺有點燥熱，就被這綠色店家吸引進去了，果真色彩是有療癒作用的，一走入店中整個人就平靜酷涼多了。其實它是專賣穀粉沖泡飲品的店，第一代經營爆米香、爆米麩等生意

穀粉小舖創始者-陳萬教先生

穀粉小舖

羅氏秋水茶

已有30幾年，年輕的女兒則將父親的穀粉生意，改用網路行銷，開拓另
一番商機；運用高科技冷壓、冷磨機器，保留穀物原有養分，不用傳統熱
爆方式去磨粉，提供現代人最健康的沖泡穀粉飲品。當天因為剛吃完麵
線，就點個南瓜子醬吐司加上纖穀粉熱飲，在冷氣房中喝一杯由21種穀
類研磨而成的綜合穀粉，真是飽足感夠又沒太大負擔。一會兒，第一代陳
萬教老先生來到店中看到同樣一頭白髮的孫老師，不改和氣生財的本色，
開心地分享早期大智市場的盛況以及爆米麩、米香生意的巔峰，而在傳統
市場沒落之後，還好有擅長網路行銷的女兒和懂現代化冷磨冷壓技術的兒
子加入營運，讓這個家業得以傳承，更增加了多種健康養生的穀粉、冷壓
油、冷磨醬給客戶選用。

　　在大智市場吃飽喝足，不妨驅車走建成路往北，接自由路三段，遠遠
地就能看到超大的紅色關公雕像，那就是臺中最大的關帝廟南天宮，停車
下來朝拜一下。繞著繞著一不小心開往進化路65巷，又不知怎麼了就開

到練武路，發現了羅氏秋水茶本舖的大招牌。孫老師問說在臺中看到很多次秋水茶的攤子，到底在賣什麼呀？秋水茶可以說是臺中令人懷念的老味道之一，源自福建先祖羅秋水先生的涼茶配茶，傳承至今已有150年歷史，一飲入喉口中散發青草茶淡淡的香氣，苦中帶甘，舌根生津，止瀉退火甚獲好評，尤其是運動或工作後流汗太多，喝上一杯可迅速退暑補水，比上一般運動飲料毫不遜色，難怪它雖然不打廣告品牌卻可以歷久不衰。既然上午寫生流了那麼多汗，本舖又有打卡按讚免費招待活動，當然要喝看看囉！

　　或許覺得臺中東區很懷舊很令人回味，那就在旱溪街上找一家汽車旅館住宿一晚吧！晚上6點以後再到臺中目前最大、最有潛力的旱溪夜市，尋找年輕人的最愛吧！當紅夜市小吃有300多個攤位，包準喜歡畫人物動態速寫的人畫到手軟，夜市美食吃到肚撐。臺中東區就是這麼不一樣，連夜市都令人刮目相看。

📍 旱溪夜市　東區旱溪東路與振興路口

屬於臺灣傳統流動型夜市，每週2、4、5、6、日晚上6點之後開始營業，約有300多個攤位，吃喝玩樂應有盡有。

北屯區
北區
西屯區　中區
南屯區　　東區
南區

樂成宮周邊

臺中都城隍廟

旱溪東路二段
旱溪阿勃勒

羅氏秋水茶

十甲路

東山路一段147巷

進化路

稻草人獅子錫鐵人

練武路

自由路三段

●臺中南天宮

自由路四段

復興路五段

公園東路

進德路

建成路

南京東路二段

東光路

臭霸王臭豆腐

旱溪西路一段

旱溪東路一段

南京路

復興東路

旱溪肉圓 ●

樂成宮

旱溪街

復興路四段

新民街

南京路

呷七碗嘉義米糕 ●

樂業路

育英路飯糰 ●

育英路

樂業路

東光園路

建成路

Burgerbus
漢堡巴士

東英二街

旱溪西路一段

東英一街

忠孝路

建成路

振興路

振興路

旱溪夜市

黃氏肉羹麵線

建新街

大芳麻糬

Good
Friend

穀粉小舖

大智路　大振街

● 無名麵店

旱溪東路一段

周邊景點

臺中都城隍廟
東區十甲路13巷2號　04-22114652

城隍為監管陰陽的神，在陰間專司人間善惡之紀錄、審判；在陽間則司懲凶罰惡導正社會風氣。臺中都城隍廟源於新竹城隍廟，後因信眾搬遷，於1966年由新竹城隍廟分靈設廟在臺中市。

臺中南天宮
東區自由路三段309號　04-22111281

南天宮是臺中市最大的關帝廟，建於1952年，廟的上方建有一座高達146公尺的關聖帝君像，成為著名標誌。南天宮也稱作臺中財神廟，除了求財、亦可於此求事業、求學業、求感情、求平安，一直以來信眾眾多，香火鼎盛。

特色商家

育英路飯糰
樂業路和育英路口

臭霸王臭豆腐
東區旱溪西路一段443號

旱溪肉圓
東區東光園路592號
04-22120219

呷七碗嘉義米糕
東區建成路334-1號
04-22111815

黃氏肉羹麵線
東區大振街13-2號
0933-407729

無名麵店
東區大振街123巷

大芳麻糬
東區建新街48號
04-22809878

羅氏秋水茶(本舖)
東區練武路285號
04-22127581

穀粉小舖
東區大振街9號
04-22803619

Burgerbus漢堡巴士
東區旱溪東路一段306號
04-22114131

稻草人獅子錫鐵人
東區東英路578-1號
04-22152296

臺中文化創意產業園區

南區復興路三段362號　04-22293079

前身爲臺中酒廠舊廠。原爲日籍商人赤司初太郎的大正製酒株式會社所有，後因都市發展，酒廠遷至臺中工業區。2002年文化部接收後成爲文創園區，作爲中部地區文化產業推廣基地。

舊廠文化香
臺中文化創意產業園區周邊

孫少英老師揹著草綠色的畫袋，
坐在雅堂館前畫向中央廣場那棵大樹和後方倉庫，
也曾經在大樹下畫向雅堂館連棟倉庫方向，
或是衡道堂的木造建築。
如果再往行政中心方向走，很多迷人的角落都讓他萌起畫勁，
畫水彩或畫鉛筆都蠻適合。

台中文化創意產業園區
孫少英2013.

雅堂館

孫少英二0一三

衛道堂

臺中文化創意產業園區

　　原料米倉、鍋爐室和紅磚倉庫,這些1920年代臺灣工業建築的代表作,見證了日治時期延續至臺灣製酒產業80餘年的歷史軌跡。臺中文創園區位於復興路三段362號,原為公賣局第五酒廠的臺中舊酒廠,前身是創立於1916年的大正製酒株式會社,園中9棟大型建物都是陸續在大正製酒及臺灣總督府時代完成,酒造機械鋼構建物,不但功能性佳而且外觀設計深具美感,真該為當年的營造建築師致敬。

　　孫少英老師第一次來到文創園區是在2013年11月的那場「水之湄—日月潭水彩畫展」。為期一個月的展期中,他深深為園區著迷,尤其是七號倉庫和鍋爐室,紅磚的外觀加上高聳的煙囪,如此具有美感的建物,他怎能放過呢?他揹著草綠色的畫袋,坐在雅堂館前畫向中央廣場那棵大樹和後方倉庫,也曾經在大樹下畫向雅堂館連棟倉庫方向,或是衡道堂的木造建築也多次入畫;如果再往行政中心方向走,很多迷人的角落都讓他萌起畫勁。無論是畫水彩或畫鉛筆都蠻適合,寫生當下也常見到愛好攝影者,到園區來磨練技法,練習取景。這個園區聚落的三大代表元素就是庫房、紅磚與煙囪,只要構圖搭配得宜,其實畫起來都很有氣氛,而且不必遠行到日本橫濱港或北海道札幌看紅磚倉庫,到臺中文創園區來,一次讓你看個夠!

除了歷史建物聚落，園區中也常有大型的展覽，如名家畫展、設計和美術科系的畢業展或成果展，大多是「免門票」的；商業性質的展覽如兵馬俑展、動漫展也都有大量人潮湧入。有一回孫老師正巧碰上動漫展，看到好多角色扮演（Cosplay）的人物，他非常好奇這些年輕人會為動漫人物如此著迷，也徵得扮演者同意為他們速寫「進擊的巨人」等幾個角色，留下許多有趣的素描畫作。

臺中文化創意產業園區

時光匆匆又2年，孫老師與速寫臺中團畫友在初夏的五月，又來到臺中文創園區畫聚，一起來寫生者從5歲到85歲都有，畫材從鉛筆、水彩、水墨到油畫都有，不分年齡大家都想用自己的畫筆畫下自己的城市，非常歡樂自在的畫聚。在園區寫生其實很容易找到有陰影可遮陽之處，譬如說衡道堂木造迴廊，樹蔭下，倉庫廊下，這樣寫生起來不易累不中暑，光影的拿捏也會較為準確。寫生完畢，應該肚子早已餓得咕咕叫，那麼走出復興路大門，步行不到5分鐘，老店臺中肉圓和大三元排骨飯就可用餐，也可以走入一旁的民意街，就進入第三市場攤販集中區了。

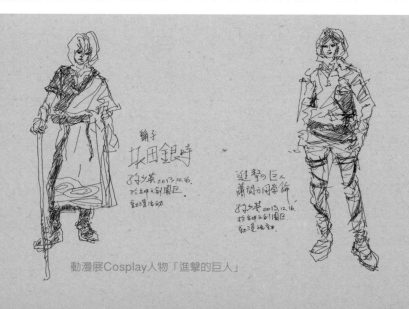

動漫展Cosplay人物「進擊的巨人」

俗稱「第三市仔」的市場，至今已有95年歷史，雖不像第二市場那麼出名，卻一直默默在南區照顧著居民的民生大事。事實上「第三市仔」初建於1922年櫻町（今火車站復興路以北和臺中路一帶），後因南臺中人口激增，6年後日治時期政府移至現址，興建一座摩登的木造市場，稱為「敷島町市場」，後來空間狹窄面積擴大為710坪，並在1932年改建加強紅磚磚造建築。該建築入口在臺中路上，前後山牆都刻上臺中市當時的市徽，視為當年現代市場的衛生管理模範。

來到這座近百年的市場，尋找美食小吃，建議採取「短打」模式，也就是說以「小量多樣」為教戰手則，千萬不要一盤搞定，那就太可惜了。首先臺中名產大麵羹、蔥油餅、肉羹麵、包子、饅頭通通有，剉冰、茶飲、鮮水果更是多選擇。若是心繫寫生，想簡單用餐，這樣一吃應該足夠補充體力了；接下來不妨在市場內外多逛逛畫速寫，捕捉市場庶民活動景象，也會有很棒的速寫作品產出。另外，民意街和復興路交口有一座天主教無原罪聖母堂，立面有色彩很美的彩繪玻璃，也很適合入畫，建議找個對街陰涼處畫教堂，構圖一定很棒喔！畫完教堂，又回到復興路上，因為往北直行就到後火車站了，所以從日治時期至今，這個區域都是出差旅遊力住宿的好地點，想當然這條上的飯店、旅店都很充足，或許應該規劃住宿一晚，好好在臺中文創園區附近多畫上幾張畫吧。

台中文創園區 行嬸

📍 臺中市公有零售第三市場
　　南區臺中路90號

📍 無原罪聖母堂
　　南區復興路三段366號　04-22222370

民意街、和平街一帶形成的親子市場，服飾百貨、糕點小吃…等等生活所需都能一次購足。

隸屬於天主堂臺中教區臺中市第一總鐸區。彩色玻璃窗為其建築特色。

決定留下住宿之後，你就會發現更多好吃、好買、好作畫的私房行程喔！推薦您可以由臺中路第三市場的1930年代舊入口切入老市場，入口的萬味香肉品，三廣食品都是60年以上的老店，榮記餅店、慶峰饅頭店、正豐油行、廣記、佳廣肉鬆都是臺中伴手禮名店。這些名店也代表了第三市場走過歷史留下的痕跡譬如說在日治時期即開業的三廣食品，早期販賣醬茶、糕餅、麵龜，後來第一代創辦人學習日本人的西點製作，改賣臺式馬卡龍、杏仁酥片、沙其馬、檸檬餅等物，至今已經傳承90幾年了。另外慶峰饅頭店，創立者是山東籍老兵在1959年為了謀生開始做起山東饅頭生意，後來轉給臺灣人經營，現在已由臺籍二代接班了。這些庶民民生小故事的背後其實都有時代大變遷的影子。

逛逛買買的過程中，畫畫市場中擁擠的人群，叫賣的攤販都是城市速寫極佳素材，千萬不要錯失良機。走著走著時間已近下午4點，第三市場的店家攤商幾乎都陸續休息，鄰近市場的忠孝夜市則開始營業的時段了。你可以沿著臺中路方向往忠孝路走，走到路口時，一定要停下腳步，看看左手邊有個臺中國小，大門圍牆邊有成排高聳的椰子樹，椰子樹後方校舍外牆上，有楊英風大師的壁畫浮雕作品，請不要錯過，可稍停畫一張街景速寫，或直奔忠孝夜市。

忠孝夜市靠近中興大學，規模雖沒有中華夜市大，但據說夜市開始於日治時期，歷史相當悠久。因為鄰近學區，客層上較多學生及附近居民，觀光客、陸客較少，頗有地方型夜市的悠哉感，夏日穿著短褲夾腳拖鞋來逛的同學或家人相當多。你可以從臺中路口的夜市頭，木瓜牛乳大王、蛋

📍 臺中國小
東區臺中路153號　04-22815103

創校於1923年，位於臺中市東區。校內有一幅由楊英風於1994年為校內新建忠孝樓所設計的〈立足臺中，放眼天下〉大壁畫。然當時家長會未籌足經費，楊英風已逝世，歷經20年後，校方重新根據當時的設計圖，由全校師生自製千餘片陶板黏貼完成這幅壁畫，期許學子由臺中出發，騰躍國際。

📍 忠孝夜市　　南區忠孝路，國光路、臺中路街段

1960年代開始即有攤販開始聚集，知名的小吃和餐廳林立，像是蛋炒飯、米糕、臭豆腐、現炒、海產、牛排、滷味…等等，都是不可錯過的美食。

包飯吃起，一路南下，吃海產熱炒、潤餅、筒仔米糕、臭豆腐、麵線糊，口渴的話，來杯甘蔗檸檬或冷凍豆花、現切水果盤都是親近庶民美食的最佳方式。

　　熱愛寫生的孫老師非常喜歡挑戰夜市人生中的男女百態，昏暗街道點上攤位明亮的燈光，那種明暗反差、色彩繽紛，雜亂無序的線條，但見他有時用硬筆沾上墨汁，快速勾勒線條，然後再上活潑重彩的對比色營造夜市熱鬧感，畫面看起來很有勁道，畫臺灣夜市真是展現臺灣庶民夜生活的最好創作了。

　　回到下榻的旅店，輕鬆洗個澡，拿出今日寫生的畫作，散放在大床上慢慢欣賞，也算成績不錯，今晚應該會有個好眠。歇歇疲累的雙腳，滑滑手機上網搜尋一下，明日起早再探訪一下遺漏的南臺中景點吧！

臺中文創園區周邊

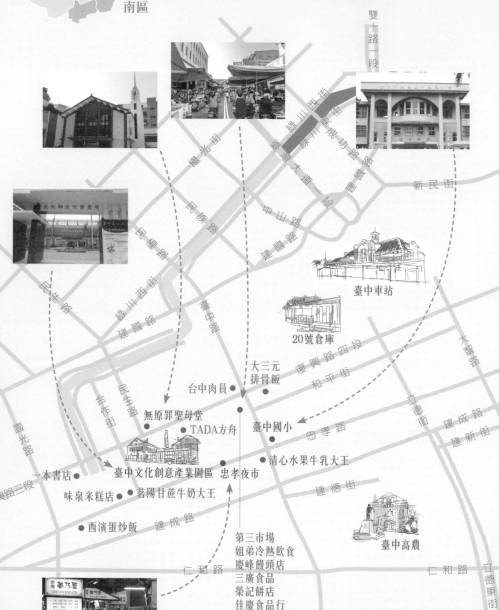

雙十路一段

綠川西街
綠川東街
新盛橋行旁路
利國街

新民街

戀光街

民族路

中山路

建國路

綠川西街

合作街

民生路

臺中路

臺中車站

20號倉庫

復興路四段

和平街

大三元
排骨飯

台中肉員

無原罪聖母堂

TADA方舟　臺中國小

忠孝路

清心水果牛乳大王

一本書店

臺中文化創意產業園區　忠孝夜市

國光路

復興路三段

味泉米糕店　茗陽甘蔗牛奶大王

西濱蛋炒飯　建成路

大智路

立德街

建成路

建新街

建德街

臺中高農

第三市場
姐弟冷熱飲食
慶峰饅頭店
三廣食品
榮記餅店
佳慶食品行
廣記肉鬆專賣店
萬味香肉鬆專賣店

仁和路

仁和路　立德東街

學府路

興大路

國立公共資訊圖書館
南區五權南路100號　04-22625100

國立公共資訊圖書館之前身為1923年成立的臺中州立圖書館，期間歷經三次遷移，於2012年搬遷到現址。為國立級之公共圖書館及數位圖書館，並負有輔導全國圖書館之任務，兼具實體及虛擬服務功能。

特色商家

TADA方舟音樂藝文展演空間
南區復興路三段362號
04-22290989

台中肉員
南區復興路三段529號
04-22207138

姐弟冷熱飲食
南區民意街29之1號
04-22253280

大三元排骨飯
東區復興路四段16號
04-22234308

三廣食品
南區臺中路92號
04-22222909

廣記肉鬆專賣店
南區和平街13號
04-22268896

西濱蛋炒飯
南區忠孝路76號
0987-303215

清心水果牛乳大王
南區忠孝路232號
04-2287 6770

一本書店
南區復興路三段348巷
2-2號

榮記餅店
南區復興路三段370巷11號
04-22260581

佳慶食品行
南區復興路三段370巷14號
04-22262640

慶峰饅頭店
中區臺中路民意街29號
04-22268056

茗陽甘蔗牛奶大王
南區忠孝路與合作街交叉口
04-22875032

味泉米糕店
南區忠孝路151號
04-22876867

萬味香肉鬆專賣店
南區臺中路94號
04-22268877

活力新亮點

跟著孫少英老師走完臺中舊城的九個寫生地點，

走訪了鄰近許多的特色店家。

再走到外圍一些，來到舊城周邊的草悟道、美術園道，也發現許多新亮點。

孫老師有時吃著令人難忘的好滋味、

有時與店家有趣的互動，

看到了每間店的用心與精彩之處，

用畫作記錄下感動。

盧安藝術公司窗外台灣大道
孫埃2015.

📍 **盧安藝術** 西區臺灣大道二段375號11樓之2 04-23263928

2011年創立，以行銷臺灣資深畫家、關懷地方文化，臺灣藝術文化扎根為核心目標。2012年開始經紀國寶級畫家孫少英老師的水彩畫作，並投入策展、藝術加值商品設計開發、藝術文化教育等多元面向，期望成為中臺灣在地藝術文化推廣的重要據點。

📍 **Art & Beauty Gallery** 西區臺灣大道二段375號11樓之1 04-23263928

以追求美為核心概念的Art & Beauty Gallery，結合了藝術與美妝。畫廊常態性展出孫少英老師的畫作，以及陳設臺灣自創品牌的美妝保養品，讓人們外在及內心都可以感受到美。每月都會舉辦藝術相關講座及課程，讓畫友有機會近距離與孫老師面對面的互動！

📍 **7分SO美式廚房**　西區華美街410號　04-23267339

美式漢堡專賣店的7分SO，堅持用純牛肉、手摔出筋性的講究作法做出
每一個上桌的漢堡。孫少英老師讚嘆了漢堡的藝術性，於是點了一份漢
堡套餐，坐在店外的餐桌，順著自然光，用熟悉的水彩畫著美式食物。

📍 **山東餃子牛肉麵館**　西區公益路一段96號　04-23215955

17年前原本從事資訊業的老闆，離職回家學習父親真傳的麵點，開了這
家店，多年賣著堅持真材實料手工麵食。孫少英老師當天於店裡速寫，
畫下老闆煮麵的過程，而祖籍山東的孫老師也是這裡的常客。

📍 1893 Boutique　西屯區惠中路一段130號　04-22518088

「1893」專注於創作屬於女人的藝術。老闆的藝術及時尚眼光，店員專屬的貼身服務，將「1893」定位為結合藝術、活動、展演的複合式精品店。孫少英老師對店內人形模特兒的造型感到驚豔，便以此為場景畫出了屬於「1893」的風格。

📍 木庵食事處　南屯區大墩十四街360號　04-22556365

充滿日式風情的木庵食事處，是愛吃宵夜者的深夜食堂。因為6點後才開始營業，於是孫少英老師晚上才前往拜訪，走進店裡，感受濃厚日式氣氛，拍了照回家構思。

📍 **波屋BORU BORU**　南屯區向上路三段25號　04-23804980

提供改良式日式甜點，香噴噴的烤糰子、暖呼呼的紅豆湯讓人充滿幸福的滋味。還有招牌店門口的大雪人，營造出充滿日式歡樂的冰果店。

📍 **有喜屋日式煎餃**　南屯區公益路二段612-2號　04-22543898

身處住宅區的小小居酒屋，提供著好吃的餃子和日式點心。熱情款待的店員，店內的榻榻米座位，讓孫少英不禁感覺身處日本的小店中。

📍 Right Café X 對了出發　西區五權西四街13巷14號　04-23729289

在國美館周邊的Right Café X 對了出發，從愛出發，營造出美好的環境，調出每一杯咖啡「對了的味道」。徐少英老師品完咖啡，在店裡感覺對了，也信手捻來幫店員們畫了速寫。

快樂寫生日

手繪 台中舊城 藝術地圖

臺中市地方產業創新研發推動計畫　計畫編號 104SBIR-19

活動時間
2015‧9月至2016‧5月

計畫內容摘要
城市行銷是多元的，
唯有「藝術」才能夠串連出台中多彩多姿的生活樣貌！
本計畫特聘顧問資深水彩畫家孫少英以寫生行動，
吸引全台灣藝術愛好者來到舊城寫生，
感受舊城的再生、古蹟的再利用、年輕文創的注入、特色美食的魅力，
手繪出舊城的藝術地圖。

計畫創新重點
以藝術寫生行動推展台中舊城的再生願景。
以「藝術」來媒合旅遊、文創、美食創造多元魅力，
以「手繪地圖」方式完成台中舊城藝術地圖之書籍和網站。

寫生嚮導 孫少英老師
孫少英老師的水彩畫以概括簡練的筆法，或渲染或平塗，
適當的留白將整體美感，透過畫家主觀的感受，去取捨組
合出畫面的結構，呈現出特別的「西畫中韻」風格；
更難能可貴的是孫少英老師二十五年來，在力行不輟
的寫生行動當中，一直保有藝術傳承的心願，他
要把快樂寫生的心得要領傳承給喜愛藝術的後進。

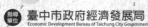
指導單位　臺中市政府經濟發展局
Economic Development Bureau of Taichung City Government

主辦單位　盧安藝術文化有限公司
Luan Art Co., Ltd.

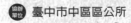
協辦單位　臺中市中區區公所

台中市西區台灣大道二段375號11樓之2
04-23263928

自己的城市・自己畫

隨著我們的寫生腳步，
畫出你對舊城的感受。
紀錄你畫過的景點、
吃過的舊城美食、
最愛的舊城小店，
創造你與舊城的獨特回憶。

台中舊城寫生景點

活動時間 ▶ 上午9：00 ~ 12：00

2015

09/13 臺中舊州廳
臺中市民權路99號

10/10 中山綠橋
臺中市中山路與綠川上

11/14 全安堂－太陽餅博物館
臺中市台灣大道一段145號

12/26 臺中公園湖心亭
臺中市公園路37號之1

2016

01/23 臺中第二市場
臺中市中正路與三民路交叉

02/20 林之助紀念館
臺中市柳川西路二段158號

03/19 臺中高農
臺中市臺中路283號

04/16 臺中樂成宮
臺中市旱溪街48號

05/07 臺中文化創意產業園區
臺中市復興路三段362號

f 手繪台中舊城藝術地圖 🔍

歡迎來分享
自己的畫作

編後語

　　《手繪臺中舊城藝術地圖》從開始到完成共歷時10個月時間。得知獲臺中市地方產業創新研發推動計畫補助後，身負使命，透過藝術寫生行動的執行，推展臺中舊城的再生願景。於是我們從規劃各具不同歷史意義的寫生點開始，陸續走訪了臺中州廳、綠川、太陽餅博物館、臺中公園、第二市場、林之助紀念館、臺中高農、樂成宮，一直到臺中文化創意產業園區，扎扎實實的跟著寫生嚮導─孫少英跑了9個月的寫生行動。

　　過程中與每個寫生點、周邊商家的拜訪與互動過程，以及書中每一幅畫作、照片、插圖、文案及最後設計編排，背後都擁有許多的故事和過程，更是團隊智慧和努力的結果。

　　在完成本書的過程中，盧安藝術接受到許多老朋友的幫助，對於更多新朋友的加入感到歡喜。看到大家不管是在下雨天或是大熱天，大馬路邊或是市場裡，拿著畫筆專注作畫的神情，往往令人感到滿足和愉快。未來孫少英老師及盧安藝術亦將本著這樣滿足與愉快的心情，繼續帶著大家到各地寫生，讓藝術更貼近生活，用藝術品味在地的美好。

　　在此感謝每個月準時出現在各個寫生點的畫友們，讓我們對於藝術推動更加有信心，也更加堅持。也歡迎看到此書的朋友們，下個月開始，不妨跟著盧安的腳步，安排一趟寫生旅行吧！

能夠完成本書，要感謝以下單位及朋友的協助：

臺中市政府‧臺中市政府經濟發展局‧臺中市中區公所‧好伴駐創股份有限公司‧第二市場自治會‧林之助紀念館‧臺中教育大學‧大明高中‧臺中一中‧臺中女中‧萬春宮‧國立中興大學附屬臺中高級農業學校‧臺中文化創意產業園區‧泰迪熊協會‧拜爾程生技有限公司‧太陽餅博物館

寫生嚮導—孫少英老師

攝影師—洪昭明‧吳雅慧‧袁之靜‧林芝萍

臺中市中區公所—黃至民區長‧陳文憲課長‧詹詠涵課員

臺中一中—鄭炳煌老師、蕭斐丹老師

大明高中—洪敬惠主任‧曾崇智老師‧陳鈺棉老師‧廖唯琇老師
　　　　　柯燈杰老師‧鍾佩容老師

全安堂太陽餅博物館—陳瑛宗執行長

速寫臺北—張柏舟教授

速寫臺中—林江汶‧柴玉琼‧林秀華‧林清如‧許政毓‧游世旭
　　　　　蔡語婕‧陳思侃‧洪蕊蕾‧林京玲‧陳汶萱‧蔡棉棋
　　　　　陳建樺‧牛中玲‧簡惠伶‧陳志盛‧曾韻珊‧九　霄
　　　　　許健一‧蔡威廉‧方重遠

速寫桃園—徐江妹老師

速寫雲林—曾敏龍老師

速寫屏東—鄭開翔‧周勵容老師

速寫埔里—許民盛‧陳妙娟‧廖秋月‧黃德蕙‧葉春光‧張勝利老師

南投—林啓文老師

臺中—謝宗興老師‧宛秀育老師‧鍾麗琴老師‧曾奕融‧陳致宏

雖然無法一一列出名單，感謝所有曾經參與的人。

孫少英畫作索引

參考文獻

1. 臺中市中區104年一區一特色-百年歷史建築手札（臺中市中區區公所編製）

2. 文化部文化資產局 http://www.boch.gov.tw

3. 臺中市中區區公所 http://www.central.taichung.gov.tw

4. 臺中認同網 http://www.familycard.com.tw

5. 維基百科 http://zh.wikipedia.org/wiki

6. 臺中觀光旅遊網 http://travel.taichung.gov.tw/

7. 臺中市政府全球資訊網 http://www.taichung.gov.tw/

8. 魚夫部落格

9. 何澄祥部落格

10. 天主教臺中教區全球資訊網 http://www.catholic-tc.org.tw/

11. 財團法人臺灣基督長老教會臺中中會柳原教會 http://www.liuyuan.org.tw/

12. 中興大學鹿鳴文化資產中心 http://deer.nchu.edu.tw/

13. 跟我一起去旅行：中興大學植物導覽部落格 http://oblitet.blogspot.tw/

14. 中區再生基地 http://www.drf-goodot-village.org/

15. 各景點、商家之網站、臉書

MEMO

MEMO

MEMO

MEMO

MEMO

國家圖書館出版品預行編目資料

手繪臺中舊城藝術地圖 / 盧安藝術文化有限公司
文稿；孫少英繪. -- 臺中市：盧安藝術文化,
民105.06
144面；14.8×21公分
ISBN 978-986-89268-4-4（平裝）

1.旅遊 2.寫生 3.地圖 4.臺中市

733.9/115.6   105010554

手繪臺中舊城藝術地圖

繪　　者：孫少英

作　　者：莫小倩

發 行 人：盧錫民

總 策 劃：康翠敏

編輯顧問：朱侃如

編 輯 群：李靜穎、張家珉、康少璞、陳姿琳、辜琪鈞

攝　　影：洪昭明、吳雅慧、袁之靜、林芝萍

插　　圖：廖英君

出版單位：盧安藝術文化有限公司

郵政劃撥帳號：22764217

地　　址：403臺中市西區臺灣大道2段375號11樓之2

電　　話：04-23263928

E - m a i l：luantrueart@gmail.com

官　　網：www.luan.com.tw

手繪臺中舊城藝術地圖網址：https://www.facebook.com/sketchmap.taichung/

法律顧問：洪明儒

設計印刷：立夏文化事業有限公司

地　　址：412臺中市大里區三興街1號

電　　話：04-24065020

出　　版：中華民國105年8月

訂　　價：新臺幣390元整

ISBN　978-986-89268-4-4